独立、睿智、优雅女人的任性宣言

女人要学会说“不”

不会说“不”
就会被人欺骗和利用

不会说“不”
就会明里受伤暗里受气

苏琴◎著

时代出版传媒股份有限公司
北京时代华文书局

图书在版编目（CIP）数据

女人要学会说“不”/苏琴著. —北京:北京时代华文书局,2015.4
ISBN 978-7-5699-0221-1

Ⅰ.①女… Ⅱ.①苏… Ⅲ.①女性－心理交往－通俗读物 Ⅳ.①C912.1-49

中国版本图书馆 CIP 数据核字(2015)第 068329 号

女人要学会说“不”

著　　者｜苏　琴

出 版 人｜田海明　朱智润
责任编辑｜林少波
装帧设计｜林自伟
责任印制｜訾　敬

出版发行｜时代出版传媒股份有限公司 http://www.press-mart.com
北京时代华文书局 http://www.bjsdsj.com.cn
北京市东城区安定门外大街 136 号皇城国际大厦 A 座 8 楼
邮编：100011　电话：010-64267955　64267677
印　　刷｜北京建泰印刷有限公司　010-89580799
（如发现印装质量问题，请与印刷厂联系调换）
开　　本｜710×1000mm　1/16
印　　张｜16
字　　数｜230 千字
版　　次｜2015 年 6 月第 1 版　　2015 年 6 月第 1 次印刷
书　　号｜ISBN 978-7-5699-0221-1

定　　价｜35.00 元

前言

PREFACE

在中国的汉字中，“不”字的笔划是比较少的，写起来很简单，可说出来并不容易，甚至是难以启齿的。因为当我们对别人说“不”的时候，就意味着拒绝别人，会令对方感到不快。尤其对于女人来讲，说“不”会更加的困难。因为女人有一颗善良的心，有时会因为面子而不情愿地答应别人，有时会因为要增进友谊而答应他人一些不合理的要求。说出“不”对于女人来说，简直成了一种压力，一种无法改变的魔咒。

为什么女人在生活中很少说“不”？因为“不”是个否定词，是一个充满了抗拒意味的字眼。但是，女人要知道说“不”并不是一种反抗，而是一种本身就拥有的自由权。有时候，面对别人的请求，你自己帮助不了时，如果你硬着头皮答应下来，只会折磨自己的心绪，浪费他人的时间和机会。与其违背自己的内心假意答应，不如从容地对朋友说出这个“不”字。朋友不会因为你的一个“不”字而对你渐渐冷淡，你可以向他道明你的苦衷，说明原因，相信他也一定会谅解你的。

一个不善于说“不”的女人是不明智的，如果你是那种对别人的请求总是回答“好”的女人，你身上的压力只会越来越重，更会耽误自己手上重要的事情。有人说，不敢鼓起勇气拒绝别人不合理的要求，是人性一大弱点。女人唯有培养说“不”的勇气和技巧，才能拥有自己的时间，去做你真正想做的事。真正懂得了说“不”，也便真正懂得了拒绝。在真正领悟之后，才能深刻地认识到，拒绝不是一种自卑，也不是一种故意，更不是一种强求。拒绝是一种平常的心态，是一种平常心态的真实反映。

女人要学会说“不”，只有这样才能够得到平等和甜蜜的爱情。因为太容易得到的女人，男人往往不懂珍惜。真正的爱情不需要委曲求全，爱情需要建立在平等和互相尊重的基础上。如果一个女人在从不说“不”的爱情中，事事以男人为先，为他放下自己的自尊，那么你只不过是一个唯命是从的丫鬟或保姆。

女人要学会说“不”，如果在生活中，让自己事事妥协，处处做他人眼中的“老好人”，你永远都无法得知什么才是真正的友谊。你要知道你有权利选择答应或者拒绝任何一个人的请求，别让自己变成软弱的小绵羊，无力说“不”的后果十分严重。要么永远地交出人生的主动权，成为别人眼中的人偶；要么在自己无法掌控的道路上，一步步地步入深渊。

女人要知道，拒绝并非是背叛，而是产生信任的基石。果断的拒绝也有方法，只需要女人稍加学习，便可自由说“不”，从此再不用为拒绝他人而苦恼。敢于说“不”的女人是自信、自立的女人，保持自己的本色，做真实的自己。学会说“不”、懂得说“是”，是一门重要的艺术，是领导者、管理者和专业人士的一项重要能力，同时也是女人必不可少的处世武器。用“不”的智慧保护自己，用“不”的力量说服别人，用“不”的方法正确决策，用“不”的秘诀改变人生。女人学会说“不”，学会拒绝，这样才能活得更加轻松、快乐。

《女人要学会说“不”》给了女人很多拒绝的技巧，这些技巧可以很好地指导女人如何更加轻松地说“不”，在保证他人自尊心和情绪的层面上，让自己也能脱离被强求的困境。可以说，这本书实际上就是一本女性的处世技巧，一个女人想要掌握主动权，活出个性、活出美丽，就赶快行动起来，努力做一个善于说“不”的女人吧！

目录

CONTENTS

第一章　太容易得到的，男人往往不懂珍惜

大部分男人只把自己辛苦得来的东西当做宝贝，就像网络游戏中的角色升级一样。爱情也是如此，太容易得到的，男人往往不懂珍惜。女人千万不要把自己乖乖奉上，一定要学会“伪装”，学会拒绝，学会在婚姻和恋爱中强大自己。

第二章　为什么有的女人偏偏能牢牢抓住男人的心

“坏”女人让人难以捉摸，充满活力，外表绚丽而内心坚强，她们是享有特权的女性，有着强大的实力，懂得如何在爱情的竞争中与男人成为平等的对手，她们既伶俐幽默，又锋芒毕露，却偏偏让男人

来越重，更会耽误自己手上重要的事情。女人要学会说“不”，别让自己变成软弱的小绵羊。女人要知道，拒绝并非是背叛，而是产生信任的基石。只有真正的懂得了拒绝，懂得了说“不”，才能活得更加轻松、快乐。

很多女人在拒绝时，往往觉得不好意思，怕伤人心，或者是拒绝不坚定，优柔寡断、半推半就，这样的拒绝显得软弱无力。一旦别人看出了你的弱点，就会向你发起猛烈“进攻”，你注定被“打倒在地”。所以，别让不好意思害了你，如果想拒绝，就应该坚定而自信、干脆利落地拒绝，不要给别人留下任何的悬念和余地。

第六章　郑重、果断的 7 种拒绝技巧

对于女人来讲，学会了拒绝就等于学会了生存。聪明的女人在生活中要善于拒绝，还要讲究拒绝的技巧。生硬的拒绝不利于人际交往，女人拒绝他人时，一定要考虑到对方的自尊心，照顾对方的情绪。需要含蓄隐约的时候，绝不开门见山；需要推托其辞的时候，绝不硬着头皮接下。掌握委婉拒绝的艺术，不仅可以使自己进退自如，还能让对方免受尴尬之苦。

第七章　记住：自信、自立是女人最好的“妆容”

自信、自立是女人自强的前提。无论你长得漂不漂亮，你都要昂首挺胸地生活。牡丹虽美，但有人却嫌它张扬俗气；菊花虽雅，但有人却嫌它冷酷骄傲。只有自信、独立才是女人美丽与成功并存的秘密。女人要相信自己，不断地完善自己。独立地行走于世，并不是为了追求虚荣，更不是为了取悦与人，而是为了体现自己的价值，让自己在平凡中脱颖而出。

第八章　通晓人际规则，让女人博万千宠爱于一身

你想走到哪里都受人欢迎吗？你想成为大家眼中的“人气王”吗？你想博万千宠爱于一身吗？如果想，那就从现在开始，通晓人际关系潜规则，学会与人相处的艺术吧！不要锋芒太露，不要咄咄逼人，不要显得比别人更聪明，不要为了面子充作“全能女人”，而要学会示弱，学会给别人台阶下，学会照顾别人的感受。

第九章　最重要的还是经济独立和主动权

俗话说：“靠山山要倒，靠人人会跑，靠自己最好。”尤其是对女人，只有经济上独立了，口袋鼓起来了，你才会获得心理上的安宁，才有资格谈尊严、谈人格、谈人生、谈幸福。所以，从现在开始，比相信男人更相信钱吧，男人的花言巧语只能哄你开心一时，你口袋里的钱却能让你的内心踏实一世。

第十章　气质如兰，风韵长存——修炼柔情似水的女人味

女人可以不漂亮，但不能没有女人味，女人味是女人的根本属性，是女人的魅力所在。一个没有女人味的女人，就像鲜花失去了香味，明月失去了光辉，根本吸引不了男人的目光。而一个有女人味的女人，则可以把三分的漂亮增加到七分，让男人沉醉其中。女人征服男人的不是美丽，而是女人味。因此，修炼女人味，才是每个女人必修的课程。

第十一章　如何赢得男人的心

人们常说“将心比心”，可是在现实之中，想要牢牢拴住并赢得一个男人的心，对女人的要求往往是多方面的：既要贤良淑德，又要

妩媚可爱；既要会操持家务，又要懂得撒娇发嗲；有时要学会千依百顺，有时候又要能成为男人背后的力量。所以总结起来，要征服一个男人，不能不用心，更不能不用脑。

第一章 太容易得到的，男人往往不懂珍惜

大部分男人只把自己辛苦得来的东西当做宝贝，就像网络游戏中的角色升级一样。爱情也是如此，太容易得到的，男人往往不懂珍惜。女人千万不要把自己乖乖奉上，一定要学会“伪装”，学会拒绝，学会在婚姻和恋爱中强大自己。

1. 为何女人付出得越多，越拴不住男人

在爱情的世界里，女人总是把男人放在第一位，她们总是喜欢说“我爱你胜过爱自己”之类的傻话，总是把男人当成天。而男人呢？他们即使再爱你，也只是把你放在和自己等同的位置上。所以，受伤的往往是女人。

冰冰在上学的时候，爱上了高自己两级的学长，很快他们就进入了热恋期。大学毕业时，冰冰按计划准备考研究生，她的男友却不同意：“咱们结婚吧，我非常需要你。”是结婚还是考研，她一时也拿不定主意。

其实现在看起来，结婚和考研并不矛盾，但那时冰冰认为，既然结婚就要做个好妻子，如果读研究生，一定没有时间照顾丈夫，如果做妻子的因读书而冷落了丈夫，那是非常不对的。人们常说，爱就是奉献，对这一点冰冰深信不疑。于是，她决定放弃自己的理想，和丈夫一起构筑爱的港湾。

毕业后，冰冰当了一名教师，丈夫工作了一段时间后开始准备考研。那段时间，冰冰却发现自己怀孕了。妊娠反应厉害的时候，没吃两口就吐了。可是丈夫正忙着备考，不仅无暇照顾冰冰，还需要冰冰来照顾他。冰冰经常是一边吐，一边做饭。但是想想丈夫将要实现自己的梦想，她暗暗地咽下了所有的痛苦，心想：等他考上研究生了，一切也就好了。后来丈夫如愿以偿地考取了研究生，孩子也顺利生下来了。

那段时间，冰冰更忙了，既要工作，又要照顾孩子，还要照顾上学的丈夫，生活压力极大。接送孩子、买菜、做饭、洗衣、收拾房间，她几乎承包了所有的家务，但当她看到憨实可爱的孩子，看到忙于学业的

丈夫，她是欣慰的，她感到幸福无比。

为了照顾好家，冰冰几乎放弃了自己的一切爱好。她已经没有时间去商场为自己选购一件称心的服装；没有了和朋友们高歌一曲的兴致；甚至连自己爱看的电视连续剧也不能从头看到尾，但是她从不抱怨，她觉得自己的付出是值得的，因为她的家庭有了她的付出更加和谐幸福。

冰冰原以为丈夫毕业后，就会迎来他们的第二个蜜月，他会对自己的奉献给予回报。然而他们的关系却大不如从前了。丈夫毕业后，去了一家合资企业。他的工作很忙，经常深夜才回到家，一脸的疲惫。让冰冰更加生气的是，丈夫竟然懒得与她说话了。

有一次，冰冰终于忍无可忍，她对丈夫说："咱们也该聊聊了。"丈夫却冷冷地回了她一句："这么长时间的夫妻了，还有什么好说的。"有时，他还会说，说点儿别的行不行，整天不是东家长就是西家短的，真没意思，就知道自己眼皮底下的那点儿小事，层次太低，整个一个家庭妇女，没劲！很快，丈夫便向她摊牌，说自己爱上了别人，冰冰的心在颤抖，她问："我有什么对不起你的地方吗？"

他说："你没有对不起我的地方，可是现在和你在一起，我一点儿感觉都没有。你整天都是那些婆婆妈妈的事，一点儿也不像过去那样有理想、有激情。"冰冰说："人总得有良心吧，你上学的这些年，孩子、家，包括你的衣食住行，里里外外哪一点儿不是我在操持？如果我当时也去念书，不管这个家，你能有今天吗？我是为了你才做出牺牲的。"但是他说："牺牲和爱情是两码事。"

的确如此，女人付出得越多，越拴不住男人的心。女人们啊，若不想受伤害，想让男人死心塌地爱你一辈子，就别再无谓地奉献自己了，做个智慧的女人才最幸福！

爱不应该是单方面的奉献，而更应该建立在自尊自爱的平等基础上。你爱他，更要爱自己，这样别人就容易看到你的魅力，会称赞你，你会从这些赞扬中得到更多的自信，你也就会活得越发光彩，永远保持对生活的热情，这是个良性循环。

所以，幸福的女人一定不是一味付出的“傻大姐”，夫妻间想要做到相濡以沫，就要懂得适当地给自己留些氧气，让两人共同吐露爱情的芬芳。

2. 太容易得到的，男人往往不懂珍惜

现代社会的女人，早已不是古时候大门不出二门不迈、等着男人上门提亲的大家闺秀了。很多女人，表达爱意并不比男人逊色，她们敢于追求自己的真爱，一旦发现目标，便毫无保留地全力以赴。可是女人，你们有没有想过，过于轻薄的爱情，在男人眼里会不会显得有些廉价？

举一个最简单的例子：你花了很多银子买了一双鞋，结果穿了两天就坏了，一定觉得很心疼吧？倘若只是最便宜的，那也就无所谓了。所以，就算你无比地爱一个男人，也要做他们心中最高贵的香奈儿，而不是放眼望去比比皆是的仿冒 LV。

曾经热播的电视剧《你是我兄弟》中，那个敢爱敢恨的英子就是典型。她从小就喜欢正直却有些不羁的马老二，为了他，英子愿意冒着被开除的风险，时不时地往马老二那个破废品站跑。为了马老二，她不惜放弃自己的工作，帮他收拾残局。

可就是这样，马老二仍毫不动心。他钟情的是剧中的“一枝花”，从 16 岁第一次见面开始，就再也没有忘记过的梳着长长马尾辫的美丽少女。尽管两个人见面的次数有限，话也很少说，可在他眼里，“一枝花”就像是天上的月亮，就算是自己架着梯子，也不可能够得着的月亮。从那时候起，“一枝花”就在马老二的心里扎了根，这一扎就是小半辈子，

让一个人从男孩成长到男人。

像英子这一类的女人最容易被男人抛弃，可能付出得越多，输得越惨。如果你把自己的全部当成礼物，悉数献给了对方，对方会认为得来太容易，然后毫不怜惜地搁在一边。有很多男人离了婚，或者有了第三者，并不是因为他们的妻子有什么不好，让人啼笑皆非地回答是："当年是你追的我，我甩你自然没什么问题！"

这就是大多数男人的想法，所以女人在和男人交往时，千万别什么事都由着男人，尤其是还未结婚的时候。心理学上说，男人对于未知的、不能掌握的、神秘的事物，都倍感兴趣，而对一份招之即来挥之即去、玩弄于股掌之间的感情，总是缺乏兴趣，更谈不上珍惜。

能让男人念念不忘、想要回家慢慢研究的，必然是会让他产生期待感和饥饿感的女人。这样的女人，能带给男人惊喜，而并非一成不变。男人越想深入地了解她，越发现她是如此难以琢磨，和她在一起，就越有感觉。这样的女人更能让男人相信：如果婚姻是坟墓，那么就算死，也要与这个女人死在一口棺材里。

女人不能太主动，但也不能完全不主动。很多女人觉得，男人们都怀着"容易得到的便不珍惜"的心理，于是为了让男人珍惜自己，就决定不主动，偏偏要让男人费一些心思。这样做，也是不妥当的。那么，女人到底应该怎么做，才能安抚男人冲动的内心呢？正确的做法是：给他一块糖，是的，每次只给一块。说白了，就是吊他的胃口。

很多的智慧，体现在对男人的控制力上。她们会让男人琢磨不透，但又不让男人感觉她们是在"倒贴"。女人可以专一，可以深情，可以执著，可以大声说出我爱你，但是要有自己的原则和底线。

即使你主动，也要有个度，对于无动于衷的男人，要果断地说"不"；对于贪得无厌的男人，更要勇敢地说"GET OUT"。反过来，面对男人的追求，女人也要拿捏好分寸。越是让男人费尽心思才得到的东西，他越会觉得美妙无比。做个珍惜自己的女人吧，其实很多男人都不是“古董”行家，他们只是玩家，女人只有把自己当宝，男人才会真的觉得你是宝。

3. 爱情的路上，千万不要让自己母爱泛滥

虽然如今的婚姻界广泛流行着一句话：好男人都是女人调教出来的。但是，调教男人并不是什么容易的事。很多时候，女人也需要站在妻子的立场去考量，如果搞错了角色，后果往往不堪设想。

女人不妨仔细想想：你是否经常唠叨老公吃饭了没有？冷不冷？又是否干涉他跟哪些人交朋友，平时都干什么？是不是要求他去哪里都要向你通报一声？如果你有上述情况，那么很不幸，你在爱情的道路上母爱泛滥了。

结婚10多年来，孟达越来越觉得妻子像他的母亲，总要求他改这改那，恋爱时亲密的叮嘱，慢慢变成了日常生活中不间断的唠叨。两人相恋时，孟达才23岁，他不但不介意妻子比自己大2岁，反而对她的成熟和细心赞不绝口。在孟达看来，人这一辈子，能娶到这样一个好妻子，夫复何求啊？可随着岁月的流逝，孟达感觉自己也成熟了，当初的“恋母情结”也渐渐淡了。如今，妻子重复的要求与嘱咐，只会让他感觉自己不被信任和接纳，厌烦之心也因此油然而生。

女人有种与生俱来的母性，她们会不自觉地，像宠爱孩子一样宠爱自己的老公，对老公事无巨细、关怀备至。但是，就像父母的溺爱不利于孩子的身心成长和独立一样，妻子的溺爱同样不利于丈夫身心发展。这样的结果便是，好好一个男人，被自己的老婆宠坏了。男人如果遇到这样一个毫无原则地溺爱自己的伴侣，那他的人生很可能也就这样了。

男人对于爱的需求无度，常常是女人宠出来的。当妻子的母爱过于泛滥，将老公当成自己的第一个儿子，男人便会很快适应“儿子”这个角色。不幸的是，这是一种没有血缘纽带的“母子关系”，一旦“母亲”因为种种原因不能像过去那样细心备至，他便会觉得自己受了冷落，甚至跑到外面找温暖，并且丝毫不觉得自己有什么错。

作为妻子，你可以爱他，可以温柔体贴地对待他，但却不能过分纵容他，一旦他习惯了这一切，就会对你的付出感到麻木，甚至认为这都是理所应当的。于是，我们时常会看到这样的情况：男人带着情人去外面应酬，风风光光，体面无比；女人却无怨无悔地做着家务，皱纹爬上脸庞，衣襟上沾满油渍……

女人应该反省一下：自己究竟是嫁了一个丈夫，还是多养了一个儿子？婚姻关系难道不应该是平等、互相了解、互相欣赏的吗？女人若是一味用对待儿子的方式和丈夫相处，只会增加自己的压力、影响夫妻间的感情，仰赖丈夫撑起一个家，更无从谈起。可见，作为一个成熟的女人，必须把老公看做个性独立、可以对自己负责的男人，而绝不是连哄带宠、愚钝无知的孩子。

即使母爱是全天下最伟大的，作为妻子的你，也千万别用错了地方。有时候，母爱过于泛滥，只会让男人吃不消，对于未来的婚姻生活，没有半点益处。

4. 爱情不需要委曲求全

两情相悦，可谓是再好不过的事情了，但在爱情的国度中，不可能事事都合我们的心意。很多时候，你爱他，但他却始终对你冷眼相对，你要怎么办？傻女人们总以为，只要自己委曲求全，就能够换来美满的爱情，于是一味地迁就他。其实，在爱情的世界里，为了幸福委曲求全，并不是什么明智的举动。

俞凡不是一个贪心的女人，对生活的要求也并不高。相夫教子，经营一个家，是她的全部的快乐和成就。正因为如此，她常常委屈自己，什么事都顺着老公，以为这样就能感化他，没想到，换来的却是悲剧的收场。

上大学的时候，自己主动追求的老公，所以爱情的天平一开始，就倾向于老公那一端。几年下来，这种状况反而愈演愈烈，俞凡心想：反正他要的我能做到，迎合他，也是我的成就，这也是爱的一部分啊！

每天下班后，他们通常一起去市场买菜，回家后，俞凡一个人做饭，老公歇着。看电视，俞凡总让老公先选台，有时对方看得直乐，俞凡却在一旁睡着了，老公就笑她，让她挑一个喜欢的节目看，俞凡就说随他。他们每半年才会去吃一次西餐，或去喝一次咖啡，老公点什么，她就跟着点什么。过节时，两个人一块去看电影，看的也是老公挑的片子。

刚开始，老公很高兴也很满足，渐渐地，他觉得有什么不对劲了。有一回，两个人一块去小餐馆吃饭，在吃米粉还是面条的问题上，老公生气了，他执意让俞凡来拿主意："你自己就没有想吃的东西、想做的事、想去的地方吗？一点想法都没有，真是受够你了！"

听了这样的话，俞凡一下子觉得自己的生活失去了方向。她试图努力地迎合老公，可她万万没想到，结果却是这个样子。

夫妻之间，本是平等的、互相尊重的。一份感情，如果不能建立在平等的基础上，就根本不能称作爱。勉强得到的幸福，也只不过是一种廉价的施舍，没有任何意义。有的女人会说，他开始是爱我的，为什么到后来就变心了呢？是的，刚开始他或许真的爱你，被你的美丽所打动，愿意为他付出一切。可当你放下了自尊，事事以他为重，凡事以他为先，这种爱就已经变质了。你以为这是爱他，实际上，这样的爱只会让男人窒息。

你也许想不明白是为什么，男人到底想要什么？他们想要的是一个两情相悦的爱人，要的是平等的爱情，要的是一个有思想、有是非观念的人生伴侣，而不是一个唯命是从的丫鬟或保姆。

一个真正爱你的男人，他会尊重你、欣赏你，而不是挑剔你、轻视你。如果仅仅靠失去尊严、毁掉自我，去换一个不再爱你的男人，除了让他从心底瞧不起你之外，他甚至会后悔，为什么当初选了你、为何没早点与你分手。

爱不是乞求，不是整天围着别人死缠烂打，甚至跪着乞求他来爱你；爱不是施舍，他不会因为可怜你而接受你，爱应该是相互尊重、相互体谅，而不是迁就、低三下四求来的。没有尊严的爱情，绝对不是真爱，如果你遇到一份让你痛苦、让你疲惫的爱情，你应该毫不犹豫地放弃。女人，还是应该勇敢一点，心思放长远一些，要相信幸福一定会如期而至！

爱情不需要委曲求全，女人也不要委屈自己。如果真的想好好经营一个家，就应该想尽办法，多学知识，引导自己的老公；或者投其所好，动之以情，晓之以理，让他逐步认识自己、改变自己。你也可以以其人之道还治其人之身，用相似的方法去刺激丈夫。如果丈夫不能接受你的态度，你不妨耐心地告诉他：以前遇到这种情况时，自己的心情是怎样的，让他学会换位思考。

在爱情面前，每个人都要有底线。只要爱情，什么都不要，最后一定连爱情一块输掉。人的尊严，往往是爱情的最后一道关卡，不要为了对方失去自我，只有自己尊重自己、爱自己，才有资格要求别人尊重你、爱你。坦诚和尊重，是爱情和婚姻的基础，有了承诺、信任和尊重，两个人的感情才能长久。

5. “一次只给男人一颗糖”的哲学

女人和男人的交往过程，就像父母给小孩糖果一样。当父母拿出一粒糖果递给小孩，甚至只是把糖纸打开，让小孩舔一舔糖果的甜味，那么小孩就会被糖果吸引住，然后一直跟在父母屁股后面，无时不惦记着那块没吃到的糖果。这个时候父母是占据主动的，他可以时不时让孩子吮吸一下糖，再收回来，再给孩子吮吸。如此反复，吊足了孩子的胃口，很好地考验了孩子的耐心，最后再把那颗糖完全给孩子。

如果父母有一大堆糖果，也应该每次只给孩子一颗糖果，而且最好不要让孩子知道父母有多少糖果，也不要让孩子知道父母什么时候还会再给他糖果。这样一来，孩子就会对糖果充满期待，他很可能会表现得更乖，只为得到父母赏赐的糖果。然而，有些父母可没想这么多，他们有一颗糖时，会爽快地把这颗糖给孩子，孩子得到糖果之后，欢快地跑开了，而不是跟着父母，想办法用自己的表现赢得父母的认可。

同样，女人如果一开始就把自己献给男人，那么她对男人的吸引力就会大减。接着，也许男人还会对女人好，但那只是因为他还没把女人“品尝”够，等到有一天品尝够了，而且他又遇到了对他有诱惑力的女人时，他就可能拉起裤子，拍拍屁股走掉。这时，躺在床上还没来得及穿裤子的女人，会显得格外落魄和悲凉。

男人有时候就像小孩一样，其实这么评价男人，那是对男人的厚爱。我们甚至可以毫不夸张地说，有的男人就像动物，会以狩猎的心态去追求感情，一旦轻松获得了猎物，猎物就会对他失去吸引力。男人之所以喜欢女人，是因为他可以从女人身上尝到甜头，比如，和女人在一起，他会感到快乐、舒适。当然不排除还有性方面的享受，这一点对有些男人来说，也许是追求女人最关键的原因。所以，女人应该有警惕之心，不妨“坏”一点，要充分利用分糖游戏规则，让男人慢慢地尝到甜头，慢慢地欣赏你的个性与魅力，这样你的男人也许永远都不会弃你而去。

爱琳长得很漂亮，人也很聪明，所到之处，她总能引起周围男人的关注。在公司里，她更是把男同事迷得神魂颠倒。而且经常有男士在公司门口等她，请求爱琳赏个脸，一起吃个饭或看场电影。那些潇洒男士，都是爱琳的追求者。

当朋友们问爱琳为什么那么吸引男人时，爱琳神秘地笑道：“因为我会吊足男人的胃口，我不会让男人轻易得到我，而男人对得不到的东西，往往会痴迷地追求。”

爱琳告诉女同胞们：“当一个男人和你接触的时候，这个男人一定是倾慕你的。你注意到了吗？男人的眼光一定会盯住你的胸部，甚至他会暗自咽口水。这个时候，你不要生气，冲他坏笑一下会让你更有诱惑力。你可以大胆地穿上低胸衣服，故意和他寒暄，当然，尽量说一些正经的话题，但是要表现得漫不经心。譬如，你在本来不好笑的地方，莞尔一笑。他一定会知道你微笑的含义的。”

爱琳还告诉女人：“男人尤其是坏男人，一定会想方设法和你有肢体上的接触。比如，过马路的时候，他的手会伸向你，这个时候你也应该伸出手，给男人一个牵你过马路的机会，让他体验一下保护美女的兴奋感觉。”

爱琳表示，当你和男人交往了较长一段时间后（具体多长时间，乖乖女们视情况而定吧，因为任何一个恋爱大师也无法给出一个确切的时间，这要看你们的感情到了怎样的地步），你可以在合适的时候，让男人有机会搂你的腰，这是男人从女人那里渴盼已久的恩赐。

“搂住了你的腰的男士一定不会就此罢休的，他会更进一步地要求，譬如他想吻你。当然，他对于你的文胸和蕾丝内裤会更感兴趣。你会怎么办呢？你千万不要脱下外套，送给男人看，问他：我的乳房美丽吧？因为这样可能会吓走男人。你最好假装不小心，用你的乳房碰一下他的手臂或后背，让他以为你是不小心的，这样会充分点燃他的欲望。当男人感受到你身体的温暖之后，请你迅速地离开他。”

“有时候，男人会向你发起进攻，比如，他会抱住你，还有进一步的企图，比如吻你，这个时候，你不妨巧妙地提醒他，干扰他，‘你看，你的头发上有个东西，我帮你拿掉。’这是我经常说的话。”说到这里，爱琳一脸坏笑，“之后，我趁他不注意，迅速亲一下他的脸，这让男人感觉一切都那么美好，虽然他并没有获得更大的甜头。”

“不要担心，那个男人已经被你掌控，现在你要做的绝对不是一味地迎合他，而是不时地诱惑他。譬如，让他一步步地尝到甜头。让他感觉到你就是他朝思暮想的‘天使’。每天，你都会接到一个电话的，他一定会用暧昧的语言和你调情。这个时候，你只需轻松地说一句‘你真坏’，就足以让他高兴一整天了。”

“记住，如果你发现他对你有一点冷淡时，你就要开始出击了，而不能一直把糖果藏着掖着，不然好男人也会失去追逐的动力。你可以主动约他，趁其不备，主动挑逗他，比如，摸一下他的屁股，亲一下他的大嘴巴。这样男人的激情又会被激发出来。等到有一天，你发现男人已经对你死心塌地时，你再找个合适的机会，让他得到你的身体吧！”

爱琳分享的经验简直“坏”透了，但又是那么聪明，对掌控男人是那么有效。据性心理学家介绍，男人追求女人的过程，其实就是男人寻找机会与女人做爱的过程。这点和动物相似，雄性动物试图接触雌性，其实就是为了性。不过，作为高级动物的男性，对于潜意识中性的追求感到更加高雅。男人第一次见到女人之后，不会说：“我真的想和你做爱。”除非这个男人脑子有问题。

而女人要做的，就是随着恋情的进展，不时地给男人一点甜头，让他对你充满期待，对你欲罢不能。同时，也向他传达一种声音：“想得到我的身体，没那么容易，你必须表现出足够的诚意，让我看到你的真心。"男人不傻，他会明白你的用意的。

人们常说："越难得到的东西，越被珍惜。"当一个男人费尽就九牛二虎之力把你一点点地攻下之后，他是不太可能贸然离开你的。因为他在你身上付出了太多的时间、精力、心思，为此死掉了很多脑细胞。更重要的是，你在他的心目中就像专卖店里限量版的夜明珠，别的女人是不可能轻易替代的。

6. 要让男人尝到甜头，更要让男人知道疼痛

有这样一个故事：

有个女人很会疼爱丈夫，每天早晨都会给丈夫蒸一个鸡蛋，煮一碗面条。一天，她因为太累而起晚了，没能及时为男人准备好早餐。丈夫显得非常生气，说："你怎么能睡懒觉呢？你不知道我要吃早餐吗？"丈夫的话让女人感到十分委屈……

生活中，这样的例子并不陌生吧！女人一味地对男人好，男人就会将这种好视为理所当然，不懂得心存感激。一旦有一天，女人没有做好，男人就很容易产生不满，继而批评女人。因此，在爱情中，女人不要一味地对男人好，一味地给男人甜头，必要的时候，还应该对他"坏"一点，让他知道"疼痛"的滋味。

乖乖女最大的悲哀莫过于全心全意地为男人奉献，却换不来男人的真心相待，甚至敌不过一个偶尔对他付出的女人。是男人不懂得珍惜吗？是男人天生没有良心吗？其实不是，关键原因是女人只知道给男人甜头，让男人的味觉变得麻木了。所以，必要的时候，不妨对男人"狠"一

点，让他吃点苦头，他才知道往日里你的“好”。

甜甜是个聪明的“坏”女人，丈夫喜欢看球赛，她往往会舍命陪君子，不惜熬夜陪丈夫看球赛，把丈夫感动得不得了。有时候她困得不行了，就靠在丈夫的怀里睡觉，这让丈夫觉得自己很幸福。他的丈夫还喜欢爬山，甜甜自然不会错过陪伴丈夫的机会。每次她疲惫时，就会在丈夫面前撒娇，让丈夫背她一段路。尽管这是个体力活，但是她的丈夫总是非常乐意。

有时候丈夫对甜甜开玩笑：“你跟我去登山，就是个累赘。”但甜甜一点都不生气，她反而说：“我就要跟你去，就要让你背我。”这时她丈夫会呵呵地笑起来，说：“我求之不得。”所以，丈夫每次登山，都会带上甜甜。

在平淡的婚姻生活里，甜甜给了丈夫很多甜蜜，但有时候，她也会毫不留情地让丈夫受点儿苦累。比如，丈夫有时候疯狂地玩电脑游戏，甜甜就会走上前去，帮丈夫按摩肩膀：“很累吧，肩痛吗？我帮你按摩按摩，总是坐着，对身体不好。要活动一下，不然身体的零件会生锈的。不如你去把地板拖了吧，正好你也可以活动活动。”在甜甜温柔的攻势下，丈夫根本没有拒绝的理由。

甜甜说，有时候好言好语男人可能不听，这个时候就该横眉冷对，该吼就吼，该骂就骂，绝不要给他留面子。比如，有一次，甜甜多次提醒丈夫：“很晚了，该洗漱睡觉了，别玩游戏了。”可是丈夫置若罔闻，于是甜甜毫不留情地拔掉了电源线。

有时候丈夫有些懒，不太讲究卫生。特别是早上上班赶时间，他总是穿着鞋子在客厅里拿东西，甜甜辛辛苦苦把地板拖干净，被丈夫弄得脏兮兮的。她好言提醒丈夫无效后，就用丈夫的衣服擦地板，然后让他自己洗衣服。经过这次深刻的教育，丈夫乖了很多。

你想降服男人吗？那就不要一味地给他“糖”，试着学学“坏”女人：一手拿糖诱惑男人，让男人尝到甜头，一手拿鞭驯服男人，让男人知道疼痛。一边是色诱，一边是鞭笞。在这种双重手段之下，还怕男人不乖乖就范吗？

爱需要把握一个尺度，爱到七八分刚刚好。因为如果爱得太多，可能会让男人喘不过气来，还会让男人轻视你，不利于你俘获男人的心。所以，当你让男人尝到七八分的爱的甜蜜时，别忘了在恰当的时候，给男人两三分的苦头和疼痛，让他知道你不是一味顺从的小绵羊，而是有自尊、有个性的女人。

最近一段时间，明兰发现老公总是跟一群哥们儿喝得半夜回来。明兰给他打电话，他不紧不慢地接，有时候还会批评明兰，说她影响了大家喝酒的兴致。明兰非常委屈和生气，每当她看到老公带着一身酒气回来时，就有一股莫名的恼火。

明兰知道，和老公吵架解决不了问题，弄不好老公还会更过分，怎么办呢？

很快，她就想到了一招，她买了一些性感的衣服，还弄了一个新发型。每天吃了晚饭，就把自己打扮得漂漂亮亮，然后让她的姐妹们打电话约她出去。老公见状，马上坐不住了。于是拉住明兰，问她去哪里。每到这时，明兰就支支吾吾地敷衍，晚上回来的时候比老公喝酒喝得还晚。

整整一个星期，老公终于受不了啦。一天晚上，明兰回到家，见老公坐在客厅独自叹息，她假装不在意，径直走到房间准备睡觉。老公叫住她，用十分诚恳的语气说：“老婆，我做错了什么，你干嘛这样折磨我呢？你知道吗？你没回来之前，我根本睡不着，我求求你了，我哪里不好你指出来，我一定改。”

明兰这才说出了对老公喝酒的不满，这时老公才恍然大悟，当即表示一定会改正。从那以后，他很少出去喝酒，而且每次出门，都会征求明兰的意见。若明兰心情好，允许他出去喝酒，他也不敢多喝，而且总是早早地回来，因为他生怕回到家里时明兰不在家。

明兰教训老公的手段可谓高明，她不像那些乖乖女一样，一哭二闹三上吊，而是一声不响地使坏，让老公后背脊发凉，屁股下面发热，怎么也坐不住。最后，把爱喝酒的老公彻底治服了。

7. 恋爱中，女人最大的竞争力不是容貌和财产而是自信

在美女如云的娱乐圈里，以谐星出道的小 S 没有高挑的身材，没有极其出众的外表，却成了耀眼的明星。她不仅事业有成，而且爱情之花也开得如火如荼，这正是因为自信给了她绽放美的资本。

恋爱中，女人最大的竞争力不是容貌和财产，而是自信。你先要觉得自己优秀，才能够让别人感知到你的优秀。而很多情况下，对方明明觉得你是宝，你却总是自贬为草。

小兰只是一个平凡本分的职员，除了心地善良、淡泊宁静和所剩不多的青春美貌，就没什么资本了。而她有个很优秀的男朋友，在交往中，小兰发现两人之间有很大的差距。第一，小兰比他大三岁，虽然看上去不明显。第二，小兰的男朋友是双硕士、高干子弟、比较有权势的人，虽然他很低调，开的是普通车，但请他吃饭、求他办事的都是开宝马、奔驰的。

有一次，小兰的男朋友带她和自己的哥们去吃饭，三个人吃了 5000 多块钱。小兰一下子受不了了，当晚给男友发了短信，大意是自己一个月就 2000 块钱工资，哪里吃得起这样的饭啊！两个人经济基础不一样，他应该找一个有背景、有实力、会应酬的女人做妻子，自己也不想与他再交往了。可是对方给小兰发了好长的短信，情深意切地说：“我之前

的女朋友就是这样的人，可是我一天都不曾快乐过。我也见过很多女人，比你年轻漂亮的不少。但那些女人过分看重钱，看重地位，只有你傻乎乎的，只爱我的人，从没要求我买这买那。”

后来，小兰也没说什么，这事就算过去了。但有一次，小兰发现男友的公司有个年轻漂亮的女秘书，总是向他暗送秋波。这下，小兰又自卑了，从此决定不再打扰对方。其实，他们只是在谈工作而已。

男人的地位越是显赫，越喜欢淡泊的生活。经历的尔虞我诈多了，他们往往渴望一份无欲无求的宁静。所以，作为女人，应该想想如何让自己更出色、挽回男人的心，而不是简简单单的放弃。毕竟，只要你在他生命里是最与众不同的那一个，就能够牢牢抓住他的心。虽然你觉得自己跟他有诸多的不般配，但至少，为了你，他放弃了满眼乱花、满世妖娆。

无论何时，自信都是女人最大的竞争力。自信的女人，走路的时候昂首阔步，沉着淡定的表情告诉人们她们的自信所在；自信的女人，坐在餐厅跟坐在大排档都一样的优雅而风采不减，微笑的魅力使她们把握住人们的视线所在；自信的女人，买东西的时候不会徘徊不定，走到自己喜欢的东西面前，挑选最合适自己的东西。

自信并不是强悍，而是落落大方的态度。女人拥有了自信，待人接物便会得体合时，处理事情不会拖泥带水，有自己的主见，因此这样的女人通常会受男人尊重。

女人只要拥有了自信，便有了自己独立的思想，有正确的人生观，这样的女人往往知道自己想要什么、能要什么，这样的女人或许外表并不美丽，但是她那种由内而外散发出来的气质，已经不知不觉地征服了大家，不管是男人或是女人，都会喜欢与之交往。

当一个自信的女人，你会发现你比以前更快乐，因为你不会把自己的全部心思都放在一个男人身上，你只是专注于做自己，并使自己不断地提高。当你成为一个成熟而自信的女人时，你的男人会更加呵护你，因为像你这么优秀的女人，他一定会牢牢盯着，不给别人任何机会。

第二章 为什么有的女人偏偏能牢牢抓住男人的心

“坏”女人让人难以捉摸，充满活力，外表绚丽而内心坚强，她们是享有特权的女性，有着强大的实力，懂得如何在爱情的竞争中与男人成为平等的对手，她们既伶俐幽默，又锋芒毕露，却偏偏让男人们如痴如醉。

1. 女人稍有一些锋芒，更让男人喜欢

有一句话叫“锋芒太露容易没饭吃”，但这并不是要你一点锋芒都不露。因为一点锋芒都不露，别人会以为你没本事、没特长。对女人而言，稍露一点锋芒，让男人看到你的才艺，看到你美的一面，看到你的一点小霸道，他会对你更加感兴趣，会更加喜欢你。

如果有一天，你遇见一位好男人，当你还在猜测：他喜欢我吗？我怎样才能引起他的兴趣，怎样才能获得他的追求呢？当你还在不断给自己加油打气，准备鼓起勇气接近这个好男人时，“坏”女人已经抢先一步，在他面前展现了自己的锋芒，或向对方展现自己的特长，或搞怪逗他开心，或故意找茬引起关注。事实上，“坏”女人才刚出几招，男人就乖乖上钩了。在之后的交往中，“坏”女孩更会通过“坏”，激发出男人源源不断的追求欲和成就感，就这样，男人成了“坏”女人的爱情俘虏。

火辣美丽的戴妍因为一次偶然的机会，认识了一个帅气的同事葛林。葛林的能力和魅力深深吸引了戴妍，他一举一动都是那么让戴妍动心。戴妍认定葛林就是自己要找的男人，于是她大胆地在葛林面前唱起了“今天你要嫁给我”，其歌声优美动听，吸引了葛林的注意。

葛林也非常爱好音乐，而且工作之余组建了一个乐队，每次演出，戴妍都会去看。兴致来了，戴妍还会主动要求献歌一首，唱得葛林心花荡漾。渐渐地，葛林开始主动约戴妍，在工作上，对戴妍也显得特别关照，只是他迟迟没有让戴妍做他的女朋友。

戴妍见葛林迟迟不肯表白，两人关系模糊不清，于是决定主动进攻。一天晚上，她把葛林约出来，见面第一句话就是：“听着，今天我约你，是要你做一个选择，一是让我做你的女朋友，二是你做我的男朋友。我

给你10分钟的考虑时间。我在那边等你，想好了你过去找我。”

戴妍的话让葛林既兴奋，又惊讶。兴奋的是，葛林也有和戴妍恋爱之意，只是觉得戴妍人长得漂亮，歌唱得又好听，如此有魅力的女人，怎么会看得上自己呢？她是不是已经有男朋友了呢？惊讶的是，戴妍用命令的口吻求爱，显得霸气外露，让他一时反应不过来。10分钟后，葛林和戴妍开始恋爱了。

也许，很多乖乖女认为，男人理所当然要主动追求女人，女人还是矜持的好。其实，爱情的轨迹并不永远都是这样，面对自己喜欢的男人时，乖乖女不妨向“坏”女人学习，主动展现自己的特长和魅力，稍露一点锋芒，也许这样更能震住男人，俘获男人那颗蠢蠢欲动又徘徊不定的自卑之心。

上文的葛林就是这样一个男人，虽然他长得帅气，但是在戴妍面前，他多少有些自卑感，虽然他喜欢戴妍，但是多少有些望而却步，所以迟迟没有表白。在这种情况下，戴妍若不出击，也许会错过一段美好的爱情。这就是“坏”女人，她敢想敢做，不会被约定俗成的东西束缚手脚，这样的女人更让男人喜欢。

事实上，大胆地去爱一个你喜欢的男人，比被动地接受一个喜欢你的男人的追求，更安全可靠。因为你知道自己想要的是什么，知道自己喜欢什么类型的男人，这样就可以大大降低“爱”上一个你不爱的男人的几率，还会降低上当受骗的几率。当然，最安全的是当你发现那个男人对你也有好感，只是犹豫不定没有向你表白时，你主动一点，更容易让他拍手称快。

对男人而言，稍有锋芒的女人更让他喜欢是有很多原因的。这种女人身上有一种小霸道，有一种从容，她会独立选择，能激发男人的追逐感。那么，“坏”女人的锋芒主要有哪些表现呢？下面就来看看吧！

喜欢把自己放在第一位。比如，“坏”女人今天累了，她会取消和男人今晚的约会。也许她会在家里听听音乐，也许会泡个澡，也许会睡个懒觉，但是你放心，她不会跟别的男人出去。正是因为这样，男人才会费尽心思约她出去。

再比如，“坏”女人开车带着男朋友外出，当男朋友告诉他应该往哪里走时，她可能会说：“开车的是我，去哪里，到哪儿下车，由我来决定，你给我好好坐着。”她在做自己喜欢的事，去往自己喜欢的地方，她的所作所为，完全是出于她自己的选择。比起主见性不够，凡事征求男人意见的女人，这种女人是不是更容易激发男人的追求欲望呢？是不是更容易征服男人的心呢？

在经济方面较为独立。很多乖乖女有一个梦想：有一位帅气的男人心甘情愿为自己支付账单。或者她们认为，男人理应给女人支付账单。可问题是，男人支付账单之后，容易对女人发号施令。而“坏”女人不会期盼男人为自己支付账单，当男人准备为她付账单时，她就会露出经济独立的锋芒，她会说：“我自己来，我有钱。”这样一旦男人欺骗或伤害她，她就会毫不犹豫地收拾行李，搬出去，住进自己的单身公寓。在这种情况下，男人会觉得他没有百分百地获得女人的爱，因此，他会更努力地去关爱女人。

说话简单明了，不拖泥带水。说话简明扼要的女人会赢得男人的尊重，因为男人之间的交流就是如此。“坏”女人会采用直奔主题的方式，乖乖女则不同，她会“掏心窝”般地絮叨自己的感受，可是男人却没当回事。尤其是在与男人初次见面时，女人最好不要滔滔不绝地说话，这样会显得你自卑。也不要因为紧张而说话，而要保持冷静和从容，适当地表达自己的独立见解，这样看上去会更有吸引力。

2. 男人是野生动物，喜欢追逐的快感

爱情使两个陌生人变成了情侣，然而在他们分手的时候，女人却发现彼此还是陌生人，女人甚至连自己都不完全了解。你不要笑话这样的

女人，因为即使你步入婚姻，和男人生活在一个屋檐下，和男人睡在同一张床上，和男人过了大半辈子，你都可能不了解男人。当然，不了解男人的女人绝非你一个，而是很多。这就是为什么男人和女人有时候沟通困难，有时候误会频生。

为什么会这样呢？为什么现实生活中的爱情不像爱情小说中描绘的那样完美？为什么女人遇不到理想中的白马王子？为什么男人总是让女人揪心、失望？为什么男人在婚前和婚后的变化如此之大？为什么女人觉得难以走进男人的内心世界？其实，答案只有一个，因为女人不了解男人。

也许你不以为然，你认为自己对男人有足够的研究，那么试问一下：你知道男人是野生动物吗？你知道男人喜欢追逐的快感吗？之所以说男人是野生动物，是因为男人具备较强的野外生存本领，就像自然界中的独自觅食、单打独斗的野狼。男人向往自由的生活，喜欢无拘无束，他们既有野心，又有些孤傲，还喜欢漂泊放荡。

或许正是因为男人像野狼，才喜欢追逐的快感，才喜欢激烈的竞争。比如，他们喜欢赛车，喜欢狩猎，喜欢打牌，喜欢锁定目标，并为之努力。比如，在牌局中，如果男人赢少输多，他是不会轻易认输的，这个时候就算用一头牛都难以把他拉走，因为他觉得自己很快就会赢回来。男人被与生俱来的雄性的好胜心驱使着，他会继续战斗下去。如果最终他还是输了，他也不会因此消沉，相反，他会更加不服气。

再举个例子，男人和同伙一起去狩猎。他们离开家已经整整一个星期了，每天睡在脏兮兮的草地上，还要忍受蚊虫的叮咬，有时候还会食不果腹。然而，他们会乐此不疲地坚守着。这到底是为什么呢？因为他在狩猎中能体验到追逐的快感。如果男人射杀了一只猎物，他会把猎物带回家，那一刻他比开屏的孔雀还要自豪，他甚至会把猎物摆在家门口，然后向街坊邻居绘声绘色地讲述狩猎的精彩过程。但是，假如有人送给男人一个猎物，他根本就不屑一顾。

“坏”女人知道，当一个男人发现了自己喜欢的东西时，会毫不犹豫地去追求，而这种追求的过程，会让男人的欲望更加强烈。如果男人一时无法得手，他会更加努力去争取。可以说，欲望完全占据了男人的心，使他对所追求的事物产生丰富的联想。所以，“坏”女人懂得给男人挑战。

“坏”女人身上散发着一种危险气息，她们好像在对男人说：“我跟你是不同世界的人。”她们知道自己是什么、知道自己要什么，所以对男人是最有吸引力的动物。当那些乖乖女自怜自艾地问男人“你喜欢我吗？你觉得我怎么样？你到底看上我什么”时，“坏”女人的脑子里却在盘算：“跟这个家伙在一起，我能得到什么好处？”当乖乖女忙着找理由自我肯定，给自己打气时，“坏”女人已经开始挑逗男人了。

“坏”女人知道，渴望的东西最能激发男人的追逐欲。因此，她们不会轻易让男人得手，而是千方百计地考验男人，甚至把男人弄得精疲力尽时，才愿意投入男人的怀抱。对男人来说，征服一个“坏”女人，就像征服一个伟大的里程碑，这个过程是非常不易的，而这个来之不易的女人，在他心目中比任何一个轻易得到的女人更有价值。

相比之下，一个乖乖女比较容易被男人搞到手，但这个轻易到手的追求过程无异于给男人泼了一盆冷水。越容易被男人搞到手的女人，男人会觉得她乏味。要知道，没有人会对免费赠送的礼品十分看重。所以，如果一个女人轻易就与男人上床，这反而不利于女人得到男人的珍惜。

所以，当男人给你打电话的时候，不要铃声一响就立刻接听，除非你接错了。你最好等铃声响了一阵子再接，并且表现出漫不经心的样子。即使你的内心在惊喜“终于等到了这个帅哥的电话了”，你也要在话语中表现得不屑一顾：“哦，你啊？找我有事吗？”

对于男人的约会邀请，你最好仔细地看一下自己的日程表，看是否有时间，哪怕你这段时间正在休假，一个人在家无聊得在网络游戏中打发光阴。约会的时候，不要轻易早到。当然，第一次约会没必要故意迟到，因为这会让一些男人感觉没有面子，进而放弃了对你的追求。

约会的时候，当男人的嘴凑过来的时候，不要傻傻地闭上眼睛享受甜蜜。这个时候，你调皮地转一下脸蛋，或找个借口溜走，会让男人觉得你很有趣。别担心，男人不会轻易放弃你的，他会更努力地追求你，直到你心甘情愿地蜷入他的怀中。

前几次约会时，千万不要让男人来你家，更不要让男人进入你的卧室。不要因为外面很黑，或者有风雨，你就说："进来吧，只能待一会儿啊。"你这样的回答，对男人来说无疑是一种燃起他兴奋的药物。他会觉得，他已经得到了你的暗示和默许，他将再一次向你发出肢体接触的信号，甚至大胆地索取性需要。如果你把自己献给了他，他饱餐一顿之后，会得意地想：我已经彻底征服了你。

当然，在男人带有诚意的猛烈追求下，你也不必太过矜持。但是要记住，你一定要渐渐地接受他，给他一个体验追逐感的机会。你要用行动告诉男人：你从来都不曾在他的掌控之中。而当男人没有找到真正拥有你的感觉时，他将会不断追求你。也就是说，你既要让他知道他的追求有了进展，又不能对他有求必应，在若即若离间，让男人对你蠢蠢欲动。

3. 跟男人保持界限，让彼此有自己的空间

如果问女人："爱情是什么？"或许很多女人会说："爱情就是两个人永远不分离。"用一首词来形容这种"不分离"最恰当不过，这首词是这样写的："把一块泥，捏一个你，塑一个我。将咱两个，一齐打破，用水调和。再捏一个你，再塑一个我。我泥中有你，你泥中有我。"可是，很多女人错误地理解了这首词的本意，以为相爱的人或夫妻就是一个整体。却不知"捏一个你""塑一个我"，最终还是两个独立的个体。如果女人不理解这一点，整天和男人黏在一起，彼此没有自己的空间，

那么后果会很严重。

芮清和张岩相识相恋于大学，毕业后两人因工作的原因分隔两地。当时芮清差一点放弃了那份稳定的工作，一心想随张岩而去。但是在张岩的劝说下，她才委屈地强忍思念之苦，开始了两个人的异地恋。每天他们都有打不完的电话，正如《亲爱的你怎么不在我身边》这首歌里唱的那样："电话再甜美，传真再安慰，也不足以应付不能拥抱你的遥远。"所以，芮清在工作了半年之后，执意辞去了工作，来到张岩所在的城市，开始了两人渴望已久的同居生活。

同居的日子很甜蜜，张岩非常照顾芮清。可是，时间久了，这对"小夫妻"开始有了各种各样的矛盾，家务活怎么分配，他们产生了分歧。芮清开始抱怨张岩的不体贴，总是让自己做家务，张岩也越来越反感芮清的唠叨。他们经常为了一些鸡毛蒜皮的小事儿争吵，争吵的次数多了，张岩干脆夜不归宿，芮清见张岩夜不归宿，总是不停地打电话追问其行踪，最后张岩烦了，干脆关机。

在同居两年后，张岩送给芮清一枚戒指，然后对她说："咱俩分手吧。"芮清感觉脑袋"嗡"的一下炸了，在她看来，虽然两人有很多争吵和矛盾，但怎么也不至于走到分手这一步，再说他们已经做了这么久的"夫妻"了，怎么能轻易分手呢？当初他们有那么多海誓山盟，怎么会走到今天的地步呢？芮清彻底糊涂了。

纵然是亲密无间的爱人，也需要彼此的空间。成熟的爱情并不意味着无限接近，黏成一个整体，而是保持合理的距离，彼此之间有一个适当的界限。举个简单的例子，男人可以和朋友聚会，女人可以和闺蜜聊天，彼此应该有自己的人际交往，应该有放松心情的方式，应该有自己的事情要做，或阅读，或跑步，或逛街，或踢球，等等。这样才能丰富自己的内心世界，从而拥有独立的人格。这对两个人关系的长远发展是非常重要的。

爱人之间保持界限，让彼此有自己的空间，这是感情保鲜的秘密武器。爱情就像牛皮筋，既不能拉得太用力，又不能放得太松。爱情就像人的大脑神经，长时间的劳累，会让人崩溃，所以要适当留个空闲时间歇息。

在爱情的稳定期内，女人往往渴望继续保持热恋时的亲密状态，岂不知，爱情不可能总是处于“巅峰”状态，爱情的常态是平淡。但是如果彼此保留自己的空间，平淡的爱情也能经常出现“巅峰”状态。

王阳对李艳一见钟情，经过半年的追求，两人终于成了恋人，之后坠入了爱河。他们在刺激和兴奋中度过了一年，在这一年中，两人每天形影不离，虽然有很多快乐，但也难免有不少矛盾，把两人累得疲惫不堪，甚至“体力不支”。

一天，李艳认真思考了两人的爱情，突然顿悟：如此下去，这份爱情会失去新意，两颗心会越来越陌生。于是，她向王阳提出了“给爱情降温”的计划。在这份计划中，李艳提议两人要各自专注地做自己的事情，有自己的追求，偶尔给爱情加点料。

结果，他们的注意力从彼此的身上分散到其他事情上，彼此不再为取悦对方而绞尽脑汁，两人相处起来轻松很多，感情也变得更加深厚。

聪明的女人懂得与男人保持界限，知道彼此空间感的重要性。距离产生美，当彼此之间有了适度的空间感时，彼此的心理距离也会随之调整。事实上，空间的距离容易测量，难以把握的是彼此的心理距离。而爱情的安全线，恰恰是难以捉摸的心理距离。当彼此的心理距离逼近时，男人会仓皇地逃离女人的掌控。因为男人向往自由的呼吸，希望放松紧绷的心弦。所以，聪明的女人要记住：要与男人保持界限，让彼此有自己的空间。

男人非常害怕被爱情绑住，你把他抓得越紧，他逃离的欲望越强烈。但是，当男人遇到一个喜欢与他划清界限，且越界之后会被推回来的女人时，男人反而会想尽办法越过那条界线。“坏”女人就善于和男人画下楚河汉界，懂得与男人保持距离，让彼此有自由的空间。这对两人的关系是非常有帮助的。

比如，男朋友去酒吧鬼混，乖乖女知道后，可能会和男人大吵大闹，这会让男人非常厌烦，他可能不但没有愧疚，反而变本加厉地去酒吧鬼混。而“坏”女人知道男朋友去酒吧鬼混后，却什么都不说，这样反而让男人产生愧疚，于是他会对女朋友做出殷勤的补偿。

也许男人宁愿被打死也不愿意承认一个事实——他们既喜欢既定的规矩，又不是女人所想象的那样守规矩。只要身旁的女人不像他老妈一样，在这种情况下，如果他做了坏事，女人却没有絮絮叨叨，这一刻，他会对女人产生一种发自内心的愧疚感，他觉得女人非常有魅力，从而更加珍惜女人。

4. 神秘莫测，让男人浮想联翩

追求时尚的女人对“内衣外穿”和“透视装”两个词应该不陌生，透视装与内衣外穿两种风格较为接近，都是薄薄、透透的面料制造春光乍现的视觉效果。虽然在视觉上，透视装与内衣外穿没有什么差别，但透视装更富有挑逗性，因为它若隐若现，充满神秘感，所以，对男人更有诱惑力。

其实，女人和衣服有着很多微妙的关联。女人穿衣服不宜穿得过于暴露，女人做人也不宜被男人一眼看穿。让男人看得到，却捉摸不透，这往往会让男人浮想联翩。在一个时尚名媛俱乐部的活动中，几个人无意中谈到“男人喜欢什么样的女人”，这时一个很有派头的中年男士冷不丁地说：“藏得住，摸不透。”此话一出，大家都表示赞同。

“藏得住，摸不透”，这六个字在相当程度上可以作为女人对男人的“吸引力法则”。女人要想长久地吸引男人，靠的不是惊人的美貌，也不是温顺的性格和超凡的才气，而是一种神秘莫测的味道。这样的女人最让男人勾魂摄魄，也最让男人魂牵梦萦、浮想联翩。

而当一个女人被男人看透时，她在这个男人面前就会非常被动。因为她的一举一动男人都了如指掌，这会让男人觉得乏味。这就像一部别人能完全看懂的书，即使故事再怎么精彩，男人也不愿意去看，更不愿意再去研究、再去欣赏。所以，聪明的女人绝不会如此，她们懂得：在男人眼里，得不到的永远是最好的，看不透的永远是最值得关注的。

中国著名建筑师、诗人、作家林徽因是一个才貌双全、风华绝代的女人。林徽因的魅力令大诗人徐志摩动心，徐志摩为了得到她，毅然决然地和自己的妻子离婚，然后准备和她在一起。林徽因的魅力令大学者金岳霖痴狂，金岳霖为了她终身不娶；林徽因的魅力令梁启超的儿子梁思成着迷，梁思成娶到她的那晚，诚惶诚恐地问她：“你为什么单单选择了我？”林徽因嫣然一笑，神秘地说：“我会用一生的时间来告诉你。”

在林徽因身上，我们看到了一种神秘莫测的朦胧美感，她把自己的人生演绎成希区柯克的悬念电影，在男人面前充满神秘感，猜想她内心究竟有什么秘密，背后究竟有什么样的故事。猜想意味着感兴趣，意味着女人的魅力永远不会褪色。也许这正是她的魅力所在，正是她能被多个男人视若珍宝的原因所在。

男人都对无法了解、无法掌握的事物充满了探求，在好奇心的驱使下，他们会努力揭开女人隐藏的秘密。在这个探求的过程中，男人对女人会越来越感兴趣。女人的魅力就是如此，就像蒙娜丽莎的画像一样，因为神秘而永远被别人好奇。所以，在爱情中，女人应该学会保留，这不是自私，而是智慧。为此，女人可以这样做：

（1）对曾经的情史闭口不谈

有些男人的占有欲很强，他对你的爱就是一种占有，不但想占有你的今天，你的明天，还想占有你的昨天。在他们看来，只知道你的现在，却不知道你的过去，不是真正的占有。所以，他们会对你的过去刨根问底，这个时候，你千万不要像竹筒倒豆一样把过去的情事和盘托出。因为你的“坦白从宽”很可能换不来他们的信任和彻底的放心，反而会让他们心生疑虑。正确的做法是，你轻描淡写地说几句过去的情史，或者干脆拒绝道："我的过去很平淡，没什么好说的。"这样你会更有神秘感，男人会对你更有兴趣。

（2）永远不要让男人知道你有多爱他

如果你让男人发现你彻底归顺他了，他就会停止追逐的步伐。慢慢地，他可能对你不上心，对你越来越冷淡。所以，明智的做法是永远不让男人知道你非常爱他。如果男人问你："你喜欢我吗？"你不妨装傻充愣，顾左右而言他，或者你可以直接了当地告诉他："这是个秘密。"这个时候，男人一定会对你意犹未尽，对你的神秘感抓耳挠腮。当你发现他整天追在你的屁股后面时，恭喜你，他已经进入你设计的爱情陷阱中了。

（3）让他知道你做不到天天与他厮守在一起

很多女人恋爱之后，就非常喜欢和男朋友天天腻在一起，尤其是乖乖女。这样就等于告诉男人："我想和你长相厮守。"这时男人就知道你已经彻底被他降服了，如此，他会得意，会变得慢慢不那么在意你。明智的做法是，你要让他知道，你做不到天天和他厮守，爱情只是你生活的一部分，绝非全部。如果他真的爱你，一定会更猛烈地追求你。

（4）见他和别的女人好，你要假装不在意

不少乖乖女见到自己的男人和别的女人搭讪、搞暧昧，会非常生气，甚至会当场和男人吵起来。这种吃醋的表现如此暴露，会让男人在心里开心地笑起来，男人会觉得他很有魅力，自己的一举一动都会牵动女人的心。这对女人是不太有利的。明智的做法是，当男人和别的女人搭讪、搞暧昧时，你假装不在意，而且还要微微一笑，表现得非常淡定。当然，你也可以用同样的办法去刺激男人，或者向男人撒娇，把男人飘荡的心勾回来。

以上四点充分营造了女人的神秘感，使女人在男人眼里就像穿着一层薄纱，这比全裸更具诱惑力。如果你做到了以上四点，那么，你的男人很可能已经对你垂涎欲滴了。

5. 若即若离，让男人牵肠挂肚

女人如猫，先让我们来看一个关于猫的故事：

有一只淘气的猫，心眼特别多，每当家里来客人了，它都会出来"巡演"一番。客人见到这只雪白的小猫，也会摆出"粉丝崇拜"的架势。但是小猫的热情并不单纯，它有点儿欲拒还迎的态势。

某日家里来了一位熟悉的客人，因为多次来访，小猫对他也熟悉。客人坐定后，小猫神不知鬼不觉地来到客人的脚下，一双圆溜溜的眼睛盯着客人看。客人发现可爱的小猫之后，显得非常高兴，当他准备去抱小猫时，小猫却一个箭步钻到桌底。

过了一会儿，小猫又出现在客人的旁边，忽闪着一双美丽的大眼睛，看得客人真是心痒难耐。客人喊着小猫，小猫用它的"嗲"声呼应，好似对山歌。那歌声简直嗲到骨子里去了，让人心里发酥。客人经不起诱惑，又欣喜起来，可是当他扑过去时，小猫又闪开了。

无奈，客人只得悻悻然归坐……

当客人离开主人家时，小猫追了出去，蹲在门口对客人发起"嗲"声。而客人笑着说："这小猫真可爱，可就是让人捉摸不透，好像故意勾人的女子，一会儿在你眼前，一会儿又跑开，一会儿给你一点甜头，一会儿又马上收回，真叫人心痒难耐又欲罢不能。"

在蒲松龄的《聊斋》中，无数英俊小生皆为"狐狸精"神魂颠倒，尽管狐狸精的招法各有千秋，但有一个相同点就是行动上飘忽不定，若即若离，让男人牵肠挂肚。

"坏"女人就像狐狸精一样，对追求者始终若即若离。当男人离她稍远时，她会对男人热情招手；当男人靠近一点时，她又退后几步，让男人只可观赏，而触摸不到。她们就像一串看得见却吃不到的葡萄，把男人馋得直流口水。这种女人对男人的心理有深刻的了解，她们知道若即若离能激发男人的追逐欲，能激发男人的欲望。事实上也是如此，男人总是为女人的若即若离痴狂，而女人不用费什么力气，便能让男人追随到天涯。

林子苦苦追求丽丽两年，最终功夫不负有心人，丽丽总算答应和他恋爱了。在这期间，有不少女人主动追求林子，但都被林子拒绝了。原因很简单，那些女人在林子眼中太过主动、太过狂热，让林子觉得肤浅。

而丽丽却与众不同，无论在思想上还是在行动上，都让林子觉得难以捉摸，这极大地激起了林子的挑战欲。比如，每次约会林子都要提前与丽丽约定时间和地点，因为丽丽是个“与众不同”的女孩，上次在林子家门口的小街上闲逛，下一次可能要去十里之外的河边散心。

另外，丽丽隔三差五地就要“出差”一次，事实上，她不是真的要出差，而是假装出差，和林子分开几天。而在这几天里，林子总是对丽丽牵肠挂肚，电话总比往日多了很多。有一次林子过生日，丽丽原本在外地“出差”，但是当林子即将吹灭生日蜡烛的时候，她准时敲开了林子的家门，及时出现在生日晚会上。所以，林子当时的许愿是：“要爱丽丽一万年。”

有时候林子约丽丽见面，丽丽会接二连三地拒绝，原因很简单，她要和朋友一起逛街，或要参加朋友的聚会。越是这样，林子越紧张，生怕丽丽爱上了别人，偷偷和别的男人约会。林子实在受不了了，他决定向丽丽求婚，这样就能彻底得到丽丽。

可是当林子向丽丽求婚时，丽丽却拒绝了，她说：“我们的感情到了结婚的地步吗？我们还是先给彼此两个月的时间考虑吧，在这期间，我们不要见面了。两个月后，我们再考虑是否适合结婚。”

在这两个月里，林子给丽丽打电话，发现电话关机；林子到丽丽公司的楼下等她，但却没见到丽丽的身影；林子去丽丽住的地方找丽丽，却没人开门；林子向丽丽的同事打听丽丽的消息，同事都说不知道。林子彻底慌了神，因为丽丽仿佛人间蒸发了一样。

两个月后的第一天，林子给丽丽打电话，电话终于通了。没想到，丽丽的第一句话是：“我要结婚了。”林子懵了，心想：在这两个月里，你躲着我，原来是和另一个人谈情说爱去了。但是丽丽接着说：“亲爱的，我把结婚的事情都计划好了，就等你一起去拍婚纱照，去度蜜月旅游了，你看什么时间好呢？”这一刻，林子才明白过来。不久，林子和丽丽结婚了，林子彻底成了丽丽的俘虏。

看过电影、电视剧的人都知道，最吸引人的不是开头或结局，而是其中跌宕起伏的剧情，因为这能给人无限遐想，能吊人胃口，让人觉得刺激，欲罢不能。其实，男人也喜欢善变的女人，如果女人时而靠近男人，时刻远离男人，给男人一种想抓又抓不到的飘忽不定感，那么男人会对女人产生更浓烈的兴趣和期待，也最想把这样的女人娶回家，因为他们想把这样的女人抓住，回家慢慢将其看透。

从某种程度上讲，若即若离是女人安全行走在情场的“护身符”。因为若即若离对男人是一种艰巨的考验，意志力较差、勇气稍逊的男人，就很容易在女人的若即若离下临阵脱逃，只有“爱之深”的男人才会“追之切”，才会坚持追求到底。而当男人花费巨大心血和精力把女人追到手时，他自然不会轻视。因为这是来之不易的“女王”，他往往会用心真爱。

香港女作家张小娴曾经说过：“要令男人爱你，最重要的不是朝夕相对，而是若即若离。令爱情长青的，不是不离不弃，而是离而不弃，要擅用‘离别’。”怎样做到对男人若即若离呢？下面提供几点建议：

（1）偶尔消失一段时间

别一天到晚围在他身边，像贴身秘书一样。尤其是在婚后，如果你大门不出二门不迈，每天像个大家闺秀一样守候在家里，男人就会有一种心满意足的感觉。慢慢地，他就不会紧张你、在乎你，再慢慢地，他可能会对你冷淡。所以，你不妨偶尔消失一段时间，让他为你紧张、为你着急。

印度诗人泰戈尔说过："我一次又一次的离开，是为了一次再一次的回来。"所以，你要学会安排自己的生活，偶尔跟闺蜜喝喝茶、逛逛街，甚至突然不辞而别，消失一段时间，让他找不到你。如果他真的在乎你，当他找不到你时，一定会抓狂。

（2）偶尔让他联系不到你

在爱情中，不要经常没完没了地给他打电话，要让他有事没事给你打电话。偶尔你可以一两天不主动跟他联系，他一定会打来电话找你。此时，不妨故意不接电话，或声称手机没电，让他着急。

作家雪莉·阿格在她的《男人恋上聪明女人》一书中说："有时可以让电话答录机或者手机的语音箱来回应。这会让他意识到你是一个值得等待和花心思的女人，所以，让他去为揣测你在做什么而绞尽脑汁吧。"这一招可以轻松测出男人对你的用心程度。

（3）偶尔当个甩手掌柜，让男人体验没有你付出的日子

有研究显示，当老婆突然甩手不干家务活时，平时不怎么干家务的老公会慌乱起来，变得无所适从，他会意识到老婆的功劳。所以，这样可以让他看到你的价值，可以迅速促进感情升温。

6. 揭秘枕边人的"妈妈/情人综合征"

在心理学上，有一个现象叫"妈妈/情人综合征"，它是指男人对妈妈那样的女人不来电，而对难以捉摸的情人却充满激情。用一个公式来表达，就是：可靠 + 乏味 + 妈妈 = 不来电，难以捉摸 + 善变 + 情人 = 迸发爱的激情。妈妈/情人理论认为，男人要么把女朋友看成"妈妈"，要么把女朋友看成"情人"。在这里，情人并不是指性工具，而是代表与他有恋爱关系的女人，以及他梦寐以求的女人。

你是妈妈类型的女人，还是情人类型的女人呢？如果你是前者，尽管你美丽可爱，对男人照顾周到，像母亲一样关怀男人，给他洗衣做饭，给他洗熨衣服，但是很抱歉，男人不会真正对你感兴趣，甚至会狠心抛弃你；如果你是后者，尽管你善变、难以捉摸，但是却能使男人迸发出爱的激情，他会像追逐猎物一样去追求你。

梅梅为了支持他的男朋友武强读研究生，辞去了自己的工作，像妈妈一样地照顾着武强。每天早晨，她会像闹钟一样准时叫武强起床晨读，而晚上则会陪着武强学习到深夜。她还会帮武强做饭、洗衣服、打扫卫生、收拾床铺，就连武强的内裤，也是梅梅手洗的。

梅梅接替了武强母亲的工作，却没得到武强的认同。武强会抱怨她做的饭菜不合胃口，责怪她衣服没有洗干净，更严重的是，武强心情不好，就会对梅梅横眉冷对。

武强喜欢打篮球，经常因打篮球耽误学习。梅梅多次劝阻她不要醉心于打篮球，但是武强置若罔闻。梅梅曾多次打电话给武强，督促他多看书、少打球，可是武强就像淘气的孩子，经常逃学去打篮球。这让梅梅非常失望。

然而，更让梅梅失望的是，武强竟然经常对梅梅大发雷霆，怪梅梅干涉他的生活。后来，武强向梅梅提出了分手，然后投入了另一个女人的怀抱。

看到梅梅如此下场，我们除了同情她，还能做什么呢？对于武强来说，梅梅的照顾满足了他对"妈妈"的依恋。但是，"妈妈"的喋喋不休，再加上无时无刻不在的电话追踪，让武强失去了自由。由此可见，妈妈类型的女朋友会让男人觉得没有自由，男人并不喜欢妈妈类型的女人。那么，男人喜欢什么样的女人呢？

其实，有时候男人更喜欢情人般的女朋友。尽管这种女人有点"坏"，有点懒，她不按常理出牌，有时候还会要弄男人，但是男人并不会记恨于心。相反，男人会觉得她调皮可爱，有个性，能给自己带来新鲜感，让生活变得有乐趣。

有个女人刚结婚不久，为了让老公分担一些家务活，在一次洗衣服时，她故意把自己的红T恤衫扔进放有先生白色棉质内衣的洗衣机中，然后盖上洗衣机，给水加温。结果，先生的白色棉质内衣被染成了红色。先生看到自己的内衣被染红了，当即对她说了一句她最渴望听到的话："以后你再也不用洗我的衣服了。"

从那以后，先生主动洗自己的衣服，甚至有时候还会给女人洗衣服。当女人偶尔给男人洗衣服时，他会非常关切地说："老婆，你辛苦了。"每当这个时候，女人都会撒娇道："你这个坏蛋，知道我辛苦还不快来帮忙，快点，把衣服晾起来。"这时男人总是积极地过来晾衣服。

这个"坏"女人故意把丈夫的衣服染红，为的就是避免给丈夫洗衣服。不可思议吧，或许你会批评这个女人的无理取闹，但是你不得不承认这个女人是讨丈夫喜欢的。想不到吧，男人有时候就是这样，你像妈妈一样照顾他，他却烦你，而你像情人一样，懒一点、坏一点，他却把你当成宝贝一样呵护。

当然，虽然男人喜欢情人一样的女人，但是男人也希望老婆像母亲一样照顾自己，男人常说的"上得了厅堂，下得了厨房"就是最好的证明。可以说，更多的男人喜欢女人是妈妈和情人的综合体，既有情人一样的情调，又希望妈妈那样周到地照顾自己。如果你对男人少一点限制，少一点唠叨，小一点监督和怀疑，同时多一点小"坏"和搞怪，就很容易让男人一辈子为你着迷。

如果你是乖乖女，是妈妈那样的女人，那么你最好禁止下面三种带有母爱色彩的行为：

第一，不要盘查男人，也不要要求男人向你汇报白天的行踪。比如，他接完一个电话，你不要马上就询问是谁来的电话，或是在他打电话时插话。这种举动，与妈妈的行为没有什么区别。时间久了，男人对这种行为会感到厌烦的。

第二，不要指望（在你没有事先要求的情况下）男人把所有的空闲时间都和你一起度过。不要把周末的时间都安排得满满当当，否则，他想去钓鱼还要向你请假。如果他喜欢钓鱼，你就让他去钓鱼吧！

第三，不要对男人唠唠叨叨，也不要对男人过分卿卿我我。不要总是婆婆妈妈地对他说：“歇一会儿吧。”“工作别太累了，记得休息。”“上班前，要吃点儿东西。”“去洗洗手。”“要洗漱了。”你要记住，如果他饿了，他知道买吃的；如果他累了，他知道休息，不用你总是在耳边絮絮叨叨，否则，他会对你厌烦的。

你要做的就是，让男人觉得你有大量的时间去做自己的事，你不是为男人而活，而是为自己而活。如此，男人会觉得你很有魅力。对他而言，你应该一半是情人，一半是妈妈。你可以适当地关心他，体贴他，但更多的时候，你应该像一个情人，给他自由，而不是给他羁绊；给他鼓励，而不是给他指责，如此，男人将会为你痴狂。

7. 在他眼里，你是“坏”女人吗？

在他眼里，你是“坏”女人吗？

他希望你待在家里。而当你要出门办事时，你是打电话给他，随时汇报你的行踪，还是不告诉他，让他打电话来找你，让他去猜你在干什么呢？

他说到达某地之后的某个时间会给你打电话，但是时间过去了两个小时，他却迟迟没来电话。这个时候，你是主动打电话过去，关切地问他情况，问他：“你为什么还不打电话来？你不是说给我打电话吗？”还是假装没这回事，不表现任何不高兴的情绪，甚至当他打来电话时，你故意迟迟不接通电话？

他有些内向，有些忧郁，有些不善言谈。你是不停地刨根问底：“你怎么了？你到底在想什么？”还是假装不在意，保持沉默，任由他不说话，看谁熬得过去？

他因故迟到了很久，让你空等许久。在这段等待的时间内，你是多次打电话过去，责备他不守时，不尊重你？还是等了半个小时之后，决定不再等了，一走了之，去做自己的事情？

在以上几个场景中，你的表现符合前者，还是符合后者？如果是前者，那么很遗憾，你算不上“坏”女人。后一种表现才是“坏”女人的常见手段，她们不是那种嘶哑着嗓子说话的女人，也不是生硬粗暴的女人。

“坏”女人不温不火，不冷不热，不紧不慢，她们和男人之间仿佛永远有一种距离感，让男人想抓又抓不到，想回避又回避不开，她们总是在男人眼前浮动，又冷不丁地隐藏自己。从这个角度来看，“坏”女人更让男人捉摸不透，更容易激起男人的兴趣。

“坏”女人是非常可爱的，她们就像蜜桃一样的香甜。只不过，“坏”女人的内心有一粒坚硬的核。这意味着，男人可以轻松接近她，但很难彻底征服她的心；意味着男人可以欣赏她的容貌，但是不容易拨开她内心的核。因此，她们对男人永远有一股新鲜感，永远会刺激男性的荷尔蒙，让男人欲罢不能。这样一来，她们更容易牢牢抓住男人的心。

如果你也想像“坏”女人那样牢牢抓住男人的心，那么，你有必要做好以下几点：

（1）永远不乞求男人的怜悯

不论你是某个公司的CEO还是某个餐厅的服务员，不论你的月薪过万还是月薪只有1000元，你都应该自信地生活、真诚地生活。因为你有自己的尊严，有自己的荣誉，所以，你要保持独立，绝不靠男人的怜悯度日。

（2）对他漫不经心

当你被男人追求时，你不要表现得欣喜若狂，而应表现得漫不经心。在这一点上，王菲就做得非常到位。她是一个充满漫不经心气质的女人，当谢霆锋先追求她时，她表现得漫不经心。后来，谢霆锋转而追求张柏芝时，王菲依然表现得漫不经心，没有丝毫痛心疾首的样子。假设一下，如果王菲见谢霆锋追求自己，就欣喜若狂，或见谢霆锋追求张柏芝去了，她就变得痛苦不已，那么谢霆锋可能会暗自叹服自己的魅力。值得一提的是，漫不经心并非旁若无人，并不是不尊重他，而是表现得淡定从容，没有任何慌乱。

（3）不让他看见你的狼狈相

当你思维混乱时，当你着装凌乱时，当你的情绪波动比较大时，你最好避免与他交流。你最好给自己头脑清醒的时间，然后再和他见面，与他交流。

（4）对某些事情的热情超过对他的需要

永远不要让男人觉得你对他“一旦拥有，别无所求”，你要让他觉得你还有很重要的事情要做，在你的生命里，他只是一部分，而不是唯一。你要让他知道，他在你心中没有特权，如此，男人会努力去争取获得特权。

第二章 女人需要美丽，更需要智慧

漂亮的女人就像街头的广告牌，看起来很耀眼，但仅仅用于欣赏。智慧的女人则像贴心的小棉袄，让男人觉得温暖、安稳。因此，任何一个理智的男人都会为有智慧的女人而停留，而对于那些空有美丽容貌的女人，他们最多选择“短线交易”，而不会做“长线投资”。当然，若能内外兼修，对女人来说再好不过。

1. 别指望一个男人无条件爱上你

有报道称，有个男人为追到他喜欢的女孩，不吃不喝地在女孩上班的闹市中心跪了一整天。据说，不少路人为之动容。但是，作为女孩自己，千万不要心软，不要为之所动！

最可怕的男人不是平常说话做事凶狠的男人，不是啰唆的小气男人，而是那种追求你时死缠烂打，把尊严踩在脚下想蹬上你脸的男人。那些背叛感情、离弃家庭的男人，都是当年的痴心汉，他们为追求女人什么话都说得出来，什么事都做得出来，可以下跪、洗衣服、倒洗脚水；他们把女人含在嘴里怕化了，捧到手里怕飞了，为了爱情可以脸都不要，然而一旦把女人追到手，他们就变了。

其实不是他变了——一个没有尊严的男人本来就是最可怕的，他们可以为女人低三下四，放弃尊严，他们用世上最痴情的方式表达感情，内心却是最无情的人。他们在乎的是征服世界，征服女人的能力，而不是感情本身。一旦你被他打动了，选择他作为你生活的另一半，那么等着瞧吧，结过婚以后，他就“原形毕露”了。那个当年为了达到目的不顾尊严的男人会轻视你，在你身上把曾经丢失的尊严找回来。能对你说出“失去你，就算赢了全世界又怎样”的男人，经常是除了你什么都没有，在达到目的之后，通常也会毫不留情地离去。

这时，你会问：恋爱中的男人，不会也是这样吧？如果真有一个男人，像哈巴狗一样地纠缠着你，整天盯着你，爱得难分难解、透不过气，你也不见得一定会幸福。被“夸父追日”般的男人追求着，可能很浪漫很感动，但如果在现实生活中真的遭遇这一幕，可是比爱上一个花心大少要可怕得多——他能几天几夜不吃不睡，风雨无阻、胡子拉茬地在你家楼下装雕像；能够拔起飞毛腿追向载你绝尘而去的汽车；能在人来人往的大街上"扑通"一声长跪不起——直到你答应，他才肯罢休。

这样的爱，除了让人瞠目结舌外，还能证明些什么呢？证明爱你有多深吗？证明你这一生非他莫属吗？这可能是一些十几岁女生的答案，琼瑶的小说和浪漫的偶像剧里，哪个不是为爱非死即伤的，把其中的故事情节联想到自己身上也有可能。可如果现实生活中，全都是这种恋爱的方式，恐怕教堂、婚姻登记处早就该关门大吉了——还没来得及修成正果，就殡葬在爱情的路上了。看看报纸上有多少"相爱不成，反泼硫酸"的报道，就知道这种爱有多么可怕了，有些很不错的女孩，因为在选择伴侣的时候走错一步，几乎耽误了自己的一生。

所以，当一个男人无条件付出的时候，你就要小心了，他爱得太过激情的话，可能就会让你没有生活空间。他害怕失去，对谁都不信赖，唯有把你牢牢地拴在他身上，一分一秒都不离开他的视线，他才放心。同学、同事间的聚会，他可能都不放心，甚至要求全程参与，或不赞成你参加。与左邻右舍打声招呼，或接到异性的电话，他就会问个不停。总之，他就像你的影子，或当个守护神，如果你乐在其中，愿意为他舍弃一切，那就尽情享受这所谓"被爱的幸福"吧。

因此，当一个男人为了你连自尊都不要的时候，你一定要警惕他，免得将来你为他失去自己的自尊。当然，你在爱情中也不要随便践踏一个男人的自尊，如果你以为爱情中的女人就该盛气凌人，男人就该低三下四，吵架该是男人道歉……那你就错了，你把男人当什么了？窝囊废？你总让他在你面前低头算什么，难道真把自己当女皇了吗？要知道，女皇永远难有真正的爱情。

爱是平等的，当你不自觉地把自己归为较优越的一方时，你们的爱情便不会长久。况且，你也不是真的那么优秀。不要把自己当成爱情中的女王，不要指望一个男人会无条件地、像个奴隶一样地付出，就算真有这样的男人，他也不值得你爱！爱一个人，不一定要放下自尊，男人最值得女人去爱的一面就是他的尊严，放下尊严的同时，也就放下了他的魅力，他把自己埋进泥土里，你当然会把他当成泥土了！

年轻的女孩们，不要对爱情有太多幻想，不要指望一个男人无条件、像个奴隶一样爱上你，这样的男人不值得你爱。

2. 聪明的女人一定不要做“红颜知己”

什么是“红颜知己”？所谓红颜知己，一般是指与男性关系比较密切的女性朋友。那么，红颜知己到底是怎样一种感情程度的朋友呢？用一句话来形容，就是“比朋友多一点，比爱人少一点”。

通常而言，红颜知己指的是年龄相仿的异性朋友。如果年龄差距较大，那么就称之为“忘年交”。男人与红颜知己的交流仅停留于精神层面，比如，互相倾诉内心的苦闷，互相开导和鼓励。一旦发生爱情或性行为，这种关系就随之土崩瓦解了。

安妮宝贝曾说过：“什么是妻子？就是你愿意把积蓄交给她保管的女人。什么是红颜知己？就是你能把秘密说给她听却不能说给妻子听的女人。”很多男人都想拥有红颜知己，遗憾的是，找到一个可以互相欣赏、互相倾诉的红颜知己并不是一件容易的事。即便有幸找到了红颜知己，也很难把握好交往的尺寸，很容易把“红颜知己”变成了“红颜祸水”，闹得男人一家妻离子散、鸡犬不宁。

聪明的女人，一定不要做红颜知己。为什么呢？原因有以下三点：

首先，男女之间没有单纯的友谊，男人的坏心思你不得不防。

男人的欲望是无穷的，有了老婆之后，还想有情人；有了情人之后，还想享受红颜知己对自己若即若离的感觉。可是，一旦男人和你实现了精神上的交流后，他就会期盼与你有更进一步的交流。直到有一天，当你们真正结合在一起时，你所谓的幸福都将消失殆尽。最终，你会变成一抹蚊子血，连最初那种相知之情也失去了。

作为女人，一定要记住：男女之间很难有纯洁的友谊，男人让你做他的红颜知己，可能对你有不好的企图。因此，如果一个男人对你说：“我一直把你当做最好的朋友，你愿意做我的红颜知己吗？”你听了千万不要沾沾自喜，为什么呢？因为这句话意味着：

“我一直把你当做可以信赖的朋友，但是由于我们不能结婚，因此，我只能给你一个较为好听的名分，让你成为我生命中一个特殊的人。希望我们的关系非同一般，有朝一日，我们的关系能更进一步。”

女人们，当你了解男人让你做红颜知己的真实意图之后，你还笑得出来吗？所以，赶紧拒绝吧！

其次，红颜知己不过是一个可有可无的朋友，别把红颜知己的地位看得太高。

或许你觉得红颜知己是一个意义非凡的朋友，在男人的心目中有特殊的地位。你以为只有自己才懂得他的心，只有自己才理解他，以为自己是他心灵的港湾，是他真正爱的人。其实并不是这样，红颜知己不过是一个关系还行、可有可无的朋友。在男人感到心灵空虚、孤独和烦闷的时候，他才会想起你，一个愿意听他倾诉心事的女人。当男人快乐时，他会把你忘到九霄云外。

有人说，红颜知己就像星星，在男人的天空里时而存在，时而消失，若隐若现。当一个男人失去了妻子时，意味着他失去了大部分的财富，这简直是无法接受的事情；当一个男人失去情人时，他会难过好一阵子，甚至有痛彻心扉的苦楚；而当一个男人失去红颜知己时，只会有小小的遗憾。总有一天，男人会忘记自己的红颜知己，忘记天空曾有一颗小星星，在自己迷失的时候指引过他，温暖过他的心。

最后，女人要明白，做男人的红颜知己，是一门难度很高的技术活。

如果说妻子是太阳，情人像月亮，那么红颜知己就是渺小的星星。男人有了一个太阳和一个月亮就足够了，但是对于星星，男人有无限的渴望，恨不得有很多颗星星。因此，你可能只是男人心中一颗不起眼的星星，你的心里是最累最疼的。你既不能对他发脾气，也不能管着他、约束他；你既不能对他提要求，也不能对他撒娇；你既不能在他面前流泪，也不能告诉他你有多么爱他。

作为一个红颜知己，你要在男人面前永远保持微笑，要永远理解他、安慰他，时刻做倾听状，不能抱怨他没有时间陪你，因为你在他心里不算什么。你也不能对他诉说太多的苦闷和烦恼，因为妻子的唠叨就够让他烦的，他哪有心思听你的苦闷呢？如果有一天，你对他提出一个小小的要求，他可能会大吃一惊，说："你怎么能这样呢？"他甚至会在心里对你产生一些失望，因为你原本是善解人意、温柔善良的。这个时候，你会失望吗？

总而言之，做男人的红颜知己是不明智的。女人们，别太单纯了，不要以为真的可以和男人保持纯洁的友谊，进行单纯的精神交流。要知道，男人的心思太深沉，男人的花花肠子太多，你不得不防！

3. 女人需要美丽，更需要智慧

乖乖女总是一本正经，在学校是好学生，认真听讲，努力学习，成绩较为优异。"坏"女孩总是调皮捣蛋，不好好学习，还经常惹乱子。聪明的脑子不用在思考试题上，而是用在思考"如何使坏"上。乖乖女走出社会后，成了一个"良民"，在公司是好员工，在家里是贤妻良母，没有什么大成就。而“坏”女人充满想法和创意，不甘于沦为平凡的打工者，她们爱折腾、爱尝试，不成功则已，一旦成功，可能一鸣惊人，一飞冲天。

有这样一个故事，很好地表现了乖乖女和“坏”女人各自的特点和彼此间的差异：

有一对姐妹，妹妹没有上大学，早早就开始闯社会，后来自己创业，如今已经身家数亿，是一位成功的企业家。姐姐大学毕业后，乖乖找工作，在医院工作多年，依然是一名普通医生。

据说，上学的时候，姐姐非常爱学习，妹妹只爱玩儿、不爱读书，而且个性又很强。小时候，父亲对姐姐说：“将来你如果有出息，一定要想着妹妹，要多帮帮她。”言外之意很明显，父亲觉得大女儿将来有出息，而对小女儿不抱希望，有些担忧。

姐姐按照父亲的期望进入了最好的中学、最好的医学院，最后按照父亲的愿望当了一名医生，然而，她发现从医不能让自己变得富有，只能过平平淡淡的日子。妹妹完全没有遵照父亲的期望，她没有上大学就进入社会。她喜欢冒险，很早就外出做生意，没几年，她就拥有了一家公司，事业版图还在扩展中。当然，她忘不了帮助自己的姐姐。

对此，姐姐笑着说：“幸亏我的妹妹没忘记我，给我很多帮助。我时常在想，我个性太乖，或许不是一件好事，因为我总是顺着父母的期望，所以，我走上了大家都认同的道路。因为我找工作很容易，所以我从来没有创业的想法。我也从来没有遇到过困境，所以我不需要思考人生的下一个路口该往哪儿拐。我怕犯错，怕别人说我不好，所以我总是规避风险，拒绝冒险。这就是我为什么没有我妹妹那种创业的魄力。”

从这对姐妹的人生轨迹上我们看到乖乖女和“坏”女人的差别，如果用一句话概括，那就是：乖乖女一本正经，一事无成；“坏”女人老谋深算，一步登天。是的，乖乖女和“坏”女人的差别在于性格，性格上的差别注定了乖乖女无法成大事，也注定了“坏”女人的一生充满跌宕起伏，丰富多彩。

其实，不只是在事业上，在情场上乖乖女和“坏”女人也有明显的不同。乖乖女逆来顺受，缺乏主见，很容易受到父母意见的左右。面对自己不喜欢的男人时，不懂得拒绝，往往会因此铸成大错；而“坏”女人敢爱敢恨，不喜欢就是不喜欢，绝不迁就，所以，“坏”女人往往容易找到真爱，获得自己想要的爱情。

“坏”女人是有心计的，她们懂得：即使面前的男人是自己喜欢的，也会装作不在意；即使很想马上答应男人的求爱，也会克制自己，给男人留一点遗憾。她们善于激发男人去追求，善于牵着男人的鼻子走，从而在爱情中占据主动地位。这种“坏”是一种高明的智慧。

林萍是个漂亮的姑娘，她还有一个与她同样漂亮的姐姐。姐姐恋爱经验丰富，林萍在姐姐的熏陶下，学会了不少与男人相处的技巧，变得有些小“坏”。大学毕业后，林萍在一家公司做助理，不久比她大 3 岁的上司就喜欢上了她，其实在心底，林萍也是喜欢他的。

上司开始追求林萍，经常约她共进午餐，但林萍只是偶尔接受。尽管上司晚上也会约她，但是她很少答应赴约，而且尽量避免单独和他在一起。林萍知道，喜欢他的女孩很多，而且她们都很出众，他每天都能接到她们的约会。但唯独林萍从不主动约他，林萍只是表现得有一点喜欢他，但从不做出取悦的姿态，更不让他碰她。

这些都是姐姐告诉林萍的恋爱策略，不仅抓住了他的心，还能很好地考验他是否真心。林萍用这些小手段和上司保持着暧昧关系。由于与上司的这层关系，林萍的工资开始猛涨，加班还有加班费。因为上司经常给林萍安排加班，这样他就能多看到林萍，他喜欢有林萍在他身边，也许是害怕林萍晚上和别的男人约会。

半年过去了，林萍挣到了一笔钱，她开始计划去旅游，她一直梦想去的地方是桂林山水。上司听了她的旅游计划之后，主动请缨陪她去旅游，并表示负担一切开销。但是林萍拒绝了，她对上司说：“公司不能离开你，而且这次旅游，我想享受一个人的自由。”接着，林萍又对上司说：“我非常挂念如此热爱的工作，我也会挂念与我相处得很好的人。”她故意说了一些人名，好让上司去胡乱猜测：“这些人”中包括我吗？这吊足了上司的胃口。

接着，上司说：“那好吧，祝你旅途愉快。”然后他深情地看了林萍一眼，这种眼神让林萍感受到了爱的火焰。林萍带着诱人的微笑说：“我只不过去一个星期，很快就会回来的。”

两天后，林萍登上了去桂林的飞机。到达之后，她找了一家旅馆住下来，然后给上司打电话，上司问他有什么安排，现在住在哪个旅馆，林萍都如实相告了。

在林萍到达桂林山水的第二个早上，旅馆的服务员通知林萍：“有位男士找你，就在楼下。”林萍感到奇怪，因为在那边她根本没有熟人，但是服务员很肯定地说：“就是找你的，他在楼下的咖啡厅等你，你去看一下就知道了。”

当林萍带着疑问来到咖啡厅时，发现上司已经为她点了一杯热咖啡，他的手里捧着一大束玫瑰花。见林萍过来了，他走了上来，把玫瑰花送给林萍，然后两人深情地拥抱在一起。那一刻，林萍的眼睛湿润了。

要知道，她的上司是个优秀人士，而且不乏美女追求，但他却对林萍情有独钟，这究竟是为什么呢？这或许与林萍的“老谋深算”有很大的关系，因为她懂得表现得独立、有个性，不轻易接受追求，越是这样，越能激发上司的追求欲，这种以静制动的策略，很好地考验了上司的真心，也牢牢俘获了上司的心。

乖乖女一定要向“坏”女人学习，面对意中人的追求，千万不要变得欣喜若狂、满口答应，而应该保持淡定，保持冷静甚至表现得有些冷漠，当然，在这种“静观其变”的过程中，你还应该适当给男人一份惊喜，让男人知道你对他是有感觉的。

那么，怎样给男人惊喜呢？你可以用赞许的口吻对男人说：“呀，你知道这么多啊，可这不是你的专业啊？”这句话能极大地激发男人的自信，能表现你对他的崇拜；你也可以怅然若失地说：“这次愉快的约会眼看就要结束了，可是我又必须回去，唉……”这句话是典型的欲擒故纵，既可以表达你对他的款款深情，又把你的矜持表明于心。如此一来，男人会更加猛烈地追求你。

4. 不做“提线木偶”，女人有思想才更有魅力

看过木偶戏的人都知道，这种艺术靠艺人用线牵引木偶来表演。木偶是没有大脑和思想的，其意识形态是被人控制的。相信没有人希望成为“提线木偶”，因为每个人都是独立的个体，都有自己的思想和人格。然而，有些女人却在有意无意中，成为男人手中的“提线木偶”，她们失去了自我，没有独立的思想，她们的喜怒哀乐都被男人操控着。

很多女人在恋爱之前，是拥有独立自我的，她们有思想，有个性，有自己的追求。可是恋爱之后，她们慢慢把自己放低，甚至低到尘埃里。即便是世上最漂亮、最有活力、最出名、最有才干的女人，也会在爱情中失去自我，变得没有思想主见，不能掌控自己的幸福。

刚谈恋爱时，小雯被认为是比较强势的一方。男朋友在她面前显得笨拙、害羞，而小雯则非常外向，且有大众魅力，她在地方上属于比较活跃的人物，是一家大公司的部门经理，而且有很不错的薪水。

两年之后，小雯和男朋友结婚了。不久之后，男朋友成为一名知名度很高的医生，小雯感觉一切都变了。突然之间，丈夫变成重要的一方，而小雯只是医生的太太。过去因为与小雯的友谊而接纳她丈夫的那些朋友，几乎都开始奉承她丈夫。

在外面有了面子和地位，回到家里，丈夫也期待小雯用崇拜的眼光看他。他对小雯的要求越来越多，甚至要求小雯替他跑腿、回电话。小雯很生气地说："那你还是请个秘书吧！"没想到，丈夫真的请了一个年轻漂亮的女秘书，帮他接电话、跑腿，甚至负责做家务。很快，女秘书就和他站在同一阵线，他们经常公然地打情骂俏，似乎把小雯当成了空气。没多久，小雯发觉自己在家里的地位被女秘书取代了，而且每况愈下。

为了挽回丈夫的心，小雯不得不向丈夫妥协，她表示愿意为他接电话、跑腿，丈夫这才辞退了女秘书。此后，小雯开始相信丈夫的能力比自己强，开始像别人一样仰视他。虽然这样做让小雯赢回了一些地位，但她却越来越感觉失去了自己。直到有一天，丈夫提出离婚要求时（当然是因为他爱上了一个年轻的女人），小雯的自尊心低落到极点，她沮丧到几乎快要自杀……

在小雯的婚姻中，她失去了自我，失去了独立的思想，就像一个被丈夫完全掌控并玩弄于股掌之间的"提线木偶"。即便她一再妥协，一再改变，努力迁就丈夫，但丈夫最终还是无情地抛弃了她。不得不说，这是小雯的悲哀。

很多年前，就有伟大的哲人说过："人，是靠思想站立着的。"其实，女人也应该如此。假如一个女人没有独立的思想和人格，任凭别人摆布，那么她如何掌控自己的生活，掌控自己的快乐呢？这样的女人，走到哪里都是一个唯唯诺诺的附庸品，谈何魅力？

18世纪法国思想家卢梭曾说："就男性或女性来说，我认为实际上只能划分为两类：有思想的人和没有思想的人。"把人划分为不同种类的方法很多，卢梭却以是否有思想来划分人类，这实在是抓住了人的要害。

那么，到底怎样才叫有思想呢？简单地说，有思想指的是一个人有脑子，有自己的想法。对人生、社会与世界，有独特的看法，面对不同的看法时，也不会人云亦云。因此，有思想的人，往往是内心强大的人。因为一旦她有了深思熟虑的想法就不会轻易改变，哪怕再多的人反对她的观点，她也会坚持自我，绝不轻易妥协。

对一个女人来说，有独立的思想和想法，无论是对驾驭爱情、把握生活的幸福，还是对人际交往、打造事业来说，都是至关重要的。有思想的女人，总是流露出与众不同的美感，她们的想法也许另类，但是却有一套自圆其说的说辞。也许你不一定会认同她，但是一定会打心眼里佩服她、欣赏她。

在一次香港小姐选拔赛的决赛中，组织者为了测试参赛小姐的思维敏锐程度，提出了这样一个问题：“假如有两个男人，你必须选择其中一位作为自己的终身伴侣，一个是肖邦，一个是希特勒，你会选择哪个？”

对于这个问题，百分之八九十的参赛小姐都选择了肖邦，因为他是音乐大师，是艺术的天才，而希特勒是法西斯分子，是极端武装分子，是人类和平的祸害。当然，选择肖邦作为伴侣，不能算错，但是不够有特色，显得千篇一律，人云亦云。

不过，有一位参赛小姐选择了希特勒作为伴侣，她是这样解释的：“我之所以选择希特勒，是因为：如果我嫁给希特勒的话，我相信我会感化他，这样一来，第二次世界大战就不会发生，世界上就不会有那么多家破人亡的惨剧。”这位小姐的回答让人眼前一亮，顿时全场掌声雷鸣。

一个有思想的女人，是有智慧、有灵性的生命。她们明白，自己的感受出自自己的大脑，不能让别人的感受轻易替代。她们知道，在浩瀚的宇宙中，个体的生命很弱小，只有当自己有思想时，自己才会变得强大，才会充满自信地面对生活。她们不在意外界给自己贴怎样的标签，只要心里认定的，即使众人不认可，她们也会显露出一副“吾往矣”的气概。

一个有思想的女人，其实是已经觉醒的人。她们知道自己来自哪里，现在如何，将要去哪里。她们似乎看透了哲学家康德提出的三个问题：我能够知道什么？我应当做什么？我可以希望什么？而没有思想的女人还在稀里糊涂地生活，她们看不清自己，也无法正确地对待别人，所以活得混沌，活得茫然，活得没有自我。

一个有思想的女人，一定是喜欢与有思想的人交往的人。正如哈佛大学的校训所提倡的那样："与柏拉图为伍，与亚里士多德为伍，更要与真理为伍。"有思想的女人明白，人活着不过是一张臭皮囊，除了思想和灵魂，其实什么也没有剩下。因此，她们认为，真正的朋友，是心灵的伴侣，她们重视与有思想的人交心。

有思想的女人是底蕴十足的，是自信迷人的，是具有独立完整的人格的，是客观公正的。有思想的女人是阅历丰富的，是闪耀着智慧光芒的，她们是精致的女人，也是成熟的女人。即便青春不在了，美貌流逝了，她们依然气质超群，这就是有思想女人的魅力所在。

5. 思考，让女人从繁琐中优雅地走出来

相信很多人都听过下面这个故事：

从前，有个农夫和儿子去城里。农夫让儿子骑着驴子，他牵着驴子。一路上，众人对他们指指点点，说小孩不懂得孝顺长辈。农夫听到路人的指责，就和儿子商量，让儿子牵着驴子，自己骑驴子，以免人家说闲话。

走了不久，又有人对他们指指点点，说农夫不心疼孩子，只知道自己享福，却让小孩受罪。农夫哪受得了众人的指责，马上下来，和儿子

一起牵着驴子往前走。

但是走了不久，还是有人对他们指指点点，大家笑他们傻，有驴子不骑，却要走路。农夫一想，觉得有道理，于是和儿子一起骑驴子。

就这样，他们走了一段路后，又有路人对他们议论纷纷，说他们真是残忍、没人性，竟然两个人骑一头驴子，把驴子压得喘不过气来。

最后，农夫和儿子都下来了，他们不知道怎么办，干脆找来绳索和木棍，父子二人抬着驴子走……

看了这个故事之后，你感到可笑吗？原本一件简单的事情，由于农夫和儿子不懂得思考，结果变得极其复杂。因为不懂得独立思考，才会人云亦云，才会随波逐流，迷失自我。由此可见，不懂得思考是可怕的。

不会思考的人是白痴，不肯思考的人是懒汉，不敢思考的人是奴才。伟大的发明家爱迪生曾经说过："头脑不用也会生锈，经常思考才会反应敏捷。"作为一个女人，同样需要独立思考。思考可以让女人把复杂的事情变得简单，可以让女人从繁琐中优雅走出来，感受前所未有的轻松。

对女人来说，你可以不看电视，可以不写诗，可以不绘画，可以不学习，但是你不能不思考。思考可以使女人提升智慧，提高内涵，更快地走向成熟。很多成功男人的老婆称不上漂亮，但她们用思考弥补了长相的不足，她们因思考而成为男人的贤内助，她们因思考打动了男人的心，使男人觉得她们是那么有智慧、有魅力。

善于思考的女人是理智成熟的女人，她们对待任何事物都能从容面对；善于思考的女人通常都是有过经历的女人，也许她们也疯狂过，但疯狂之后，她们会在平静中思考人生；善于思考的女人是不安于现状的女人，她们总是想着如何让自己进步。

积极思考，可以为女人赢来机会；积极思考，可以帮女人赢得幸福；积极思考，更能促使女人走向成功。思考的女人永远不会陷入被动的泥潭中，无论对人对事，她们都会在一番深刻的思考和透彻的分析之后，做出最明智的决定。

女人一定要明白，思考不是“想太多”，不是不停地推翻自己、质疑自己，让自己陷入无尽的纠结之中，思考是为了化繁为简，更高效地解决问题。面对一个难题时，只有当你找到了正确的思考方法，才能从中优雅地解脱出来。下面这个故事值得每个女人思考：

一位英国游客搭乘美国“密西西比号”游轮观赏密西西比河两岸的迤逦风景。一路上，他被美不胜收的风光深深吸引，不时发出赞叹。

船长人缘很好，性格直爽，在这条河上驾船五十多年，于是游客就主动与船长闲聊起来。聊天中，游客对船长说：“船长先生，听说你在这条河上航行了很久，经验非常丰富，我想您一定非常熟悉河中的每一处浅滩吧？”

船长在这条河上航行了无数次，当然经验丰富，可是他的回答却让游客大吃一惊。他说：“不，先生，我根本不清楚河中的浅滩，如果我想把全部浅滩都弄清楚，那我会浪费很多时间。”

游客大惑不解地问：“为什么呢？如果您连哪里有浅滩都不知道，您怎么安全地驾船呢？”

船长好像没有听到游客的话，他再次重复自己的话：“弄清楚河中什么地方有浅滩完全是浪费时间。我为什么要知道浅滩在哪里？我只要知道深水区在哪里就足够了。”

船长的话告诉我们：如果从正面解决一个问题难度很大，那你不妨运用逆向思维，从反面去思考问题。很多时候，当你受困于某个问题，迟迟无法找到答案时，若能换一个角度去思考，就能豁然开朗起来。找对方法，思考将立刻变得简单，简单是思考的最高境界，如果你把问题越想越简单，那么你就越活越有智慧了。

为了方便摄影，人们发明了傻瓜相机；为了驾驶容易，人类发明了自动挡汽车；为了洗衣服方便，人们发明了全自动洗衣机……所有这些，都让生活变得越来越简单。其实，女人的思考也应该变得简单，越简单，才越深刻；越简单，才越高效。当你立足于把复杂的问题变得简单时，你就很容易走向成功了。

在这里，我们再来了解一下“奥卡姆剃刀理论”，它是12世纪英国人奥卡姆·威廉提出来的。奥卡姆·威廉认为，效能来自于单纯。在你做过的事情中可能绝大部分是毫无意义的，真正有效的活动也许只是其中一小部分，而你要做的就是把这个关键的小部分找出来，去掉多余的活动。用一句话总结“奥卡姆剃刀理论”，就是“如无必要，勿增实体”。

有些女人经常胡思乱想，把简单的问题想得非常复杂，最后把自己囚禁在悲观的牢笼里，觉得人生处处没有希望。其实，生活并不像你想象的那样，它是那么多姿多彩，是那么简单丰富。只要你的思维简单，只要你用简单的思维去思考人生，那么人生就会变得简单起来。

6. 悉心修炼品位、涵养、气度与胸怀

鲜花总是和绿叶枝头联系在一起，女人总是和美丽漂亮联系在一起。人们在评价一朵花美不美、艳不艳时，往往看它的整体效果好不好；人们在评价一个女人美不美时，往往看她们的内在和外在。外在的美一目了然，而内在的美却包含着很多因素，例如品位、涵养、气度与胸怀，等等。一个女人真正的吸引力源于内在的气质，如果你想用内在的气质吸引别人，那么就要注重内在气质的修炼。

首先，女人的气质美离不开品位的修炼。

每一个女人都是特别的，都应该有自己独特的品位。说到品位，很多人可能会想到奢侈品，其实品位与时尚或奢侈品并不是一回事，品位

是一个人观察事物的态度，同样的东西，在不同的态度下观察，就会产生不同的感受和看法。作为一个有气质的女人，在观察事物时应该用欣赏的目光、高端的品位去审视。

从某种程度上看，一个女人的品位与她的气质是相辅相成的，品位的高低决定了女人对新事物的看法，有独特品位的女人，才能发现事物的独特美。有品位的女人是成熟的女人，也是勇敢、干练、自信的女人，有品位的女人总是善于恰到好处地表现自己的优雅，使人产生可信的感觉。因此，女人要保持和发展幽雅的风度、高尚的品位，就得注意自己的言行举止，博学多识、自立自强、自尊自爱、富有爱心。

其次，女人的气质美离不开涵养的修炼。

有涵养的女人往往会由内而外散发出一种高贵、优雅的气质，不论在什么场合，她们都不会由着自己的性子来。良好的涵养可以使她们学会克制自己的过激情绪，冷静下来理智地思考问题，审视自己的言行举止。

艾琳的老公是公司的总经理，她们非常恩爱。有一次，艾琳和同事一起逛街时，发现自己的丈夫跟一个和自己女儿差不多大的少女谈笑风生。凭借女人的直觉，艾琳明白了怎么回事，当时她非常生气，真想冲上去给丈夫和那个少女一人一个耳光。

然而，艾琳没有这么做，她冷静地走到丈夫的面前，笑着说：“你们一起逛街呀？买什么呢?”见丈夫满脸尴尬，艾琳又说：“没事，你们继续聊吧，我的朋友在那边等我呢!”说完，艾琳大大方方地走开了。

事后艾琳得知，原来丈夫和客户一起陪客户的女儿逛街买衣服，当时艾琳见到他们时，客户恰好去了洗手间，只剩下她的丈夫和客户的女儿在服装店。艾琳庆幸当时没有冲动，丈夫也开玩笑地说：“亲爱的，真看不出来，你还很镇定。不过谢谢你没有发作，不然的话，我当时会很没面子。”

在与人交往中，一个女人是否有涵养，可以通过她的处世方式看出来。案例中的艾琳没有在大庭广众之下冲动地找丈夫理论，而是给丈夫留了一个台阶，给丈夫留了面子，这种冷静、智慧的做法，就是一种涵养的体现。反之，如果艾琳是一个没有涵养的女人，她会怎么做呢？她会冲上去，气愤地大骂丈夫，甚至会直接和那位少女“动武”，这不仅会让大家陷入尴尬，也让自己风度尽失。

有人曾举了一个例子，来说明没有涵养的女人是怎样一种形象：没有涵养的女人就如同叉着腿坐在咖啡店里的女人，在优雅的音乐声中，粗野地搅动着勺子，大口地吮吸着杯子里的咖啡，当她接到电话时还会大声地说：“喂，谁呀？你还活着呢？”……这样的女人就是典型的没有涵养。

再次，女人的内在美离不开气度与胸怀的修炼。

提到气度与胸怀，很多女人首先想到的一定是男人，认为只有男人才应该有气度和胸怀。其实，如果你想成为有气质的女人，同样不能没有气度与胸怀。因为气度与胸怀，是心胸博大的表现，是意志坚强者动人的风采，它昭示的是做人的豪迈。女人大度一点，多一点宽容和包容，就容易获得别人的好感。尤其是在爱情中，气度与胸怀是感化男人的上佳办法。

有个女人发现老公与一个女网友关系密切，暧昧不断，于是找好朋友诉苦，好朋友对她说：“你别担心，别埋怨，把心放大一点，对他多一点关心，比如，专挑你男人爱吃的菜做，专说你男人爱听的话，就像没有那回事一样。”两个月后，这个女人告诉她的朋友，说她老公最近很少和那个女网友联系，并且对她更加疼爱了。

女人的气度与胸怀是一种智慧，是看透了纷繁人生后所表现出来的从容、自信和超然。如果女人遇事能做到宽容，不但可以让自己及时释放心灵，还能让别人因此获得感动、反省和悔悟。

法国伟大的浪漫主义作家雨果曾经有一句至理名言：“世界上最广阔的是海洋，比海洋更广阔的是天空，比天空更广阔的是人的胸怀。”如果你以宽容的眼光去看待世界，那么你所看到的将是青山绿水、碧海蓝天，你给人留下的将是高大的形象。这种形象会让你看起来更加有魅力。

7. 永远记住，内外兼修的美才是真正的美

英国作家毛姆曾经说过：“世界上没有丑女人，只有一些不懂得如何使自己看起来美丽的女人。”如今，女人们早已抛弃了传统的保守观念，懂得打扮自己。所谓“浓妆淡抹总相宜”，然而，女人真正的美除了穿着时尚、打扮时髦，还离不开内在的修养。保持内外兼修的女人，才是最有魅力的。

什么是内外兼修呢？顾名思义，“内”指的是内在的修养与气质，“外”指的是外表装扮。任何一个女人，都希望自己拥有一副姣好的容貌，希望自己拥有迷人的身材。如果你的外表不够出色，也不必自卑沮丧，至少你可以把自己收拾得干干净净、整整齐齐，给人一个清新脱俗的印象。

首先，让你的发型看起来干净利落。女人应该讲卫生，无论你的头发是长还是短，都应养成勤洗头的习惯。每次洗完头之后，把头发吹干，精心地梳理，让头发顺畅自然。这样，你的秀发就是你的亮点，而不是“败笔”，当你走在人群中时，你的发香会使你魅力倍增。

其次，穿着要得体，搭配要讲究，搭配时颜色的基调要和谐，不能反差太大，否则会起到反作用的。值得注意的是，女人不要追随潮流，因为流行的衣服不一定都适合自己。在选择衣服时，应选对的，而不要选贵的。“对的”即适合自己的，与自己的身材、体型、喜好等匹配的。

再次，不要忽视妆容。当你出门时，适当地淡妆是必需的，所谓

“轻扫娥眉淡脂粉”。在化妆中，眼部的化妆尤为重要，适当地修饰睫毛，可以把你的眼睛衬托得又大又亮，让你显得更加精神。

最后，女人的外在修养还包括言谈举止。一个有修养的女人，应做到温柔、优雅、不高声说话、不说脏话、不在公众场合大呼小叫、放肆大笑。要站有站相，坐有坐相，不可表现得太随意，在家里应做一个贤淑女人，体贴家人，让家人感到你的温情。

说完外在的修炼，女人更要重视内在的气质修炼。要知道，女人的气质不仅仅表现在外表，更重要的是内在修养与自然流露。因此，女人要修炼自己的内心，提升自己的涵养。

首先，读书是提高自身修养的最好方法，女人应该多读一些自己喜欢，而且文化修养较高的书籍，比如，中外经典的名著。读书的女人是美丽的，这种美不是矫揉造作的美，而是在举手投足之间，自然而然散发出来的书香之美。所谓“腹有诗书气自华”，说的就是读书对女人气质和涵养的提升作用。

其次，做一个有爱心、懂孝道的女人。品行高尚、内心善良的女人，无论何时何地，都是最受人欢迎的。女人的内在之美，无外乎女人的品行和操守。作为一个女人，如果缺少爱心，将会变得粗暴野蛮；如果缺少孝心，将变得自私可怕。

很难想象，一个外表美若天仙，内心却毒如蛇蝎的女人，如何会得到别人的尊重和爱戴，这样的女人只会让人心生厌恶，避而远之。反之，一个长相平平，但是内心善良、温顺贤淑的女人，却会赢得别人的尊敬和善待。所以说，女人不是因为外在美而受欢迎，而是因为内在美而受欢迎。

在生活中，女人可以通过养花、养草、养动物来修身养性。养花养草可以陶冶情操，美化室内环境，饲养小动物可以激发自己的善良和对弱小生命的爱心。

再次，女人在闲暇时，不妨多听听情趣高雅的音乐，接触艺术活动，例如，戏剧、舞蹈、美术等，让自己在艺术的气息中获得精神的洗涤和情感的熏陶，这对培养温顺的性情是大有帮助的。当然，你还可以品一杯醇香的清茶，或徒步旅行，接触大自然，呼吸新鲜空气，这比白天呼呼睡大觉，晚上泡在夜店好得多。

在《红楼梦》中，曹雪芹笔下的女人，要么才华横溢，在柳絮花飞的季节结社吟诗；要么心灵手巧，针线活信手拈来；要么冰雪聪明，治家理财是把好手；要么贤良淑德，冷雨敲窗的寒夜红袖添香……

也许你只是平凡的女人，没有什么特别之处，但是不用自卑。你不必才高八斗、七步成诗，起码要对诗词歌赋略懂一二；你不必每天都浓妆艳抹、盛装华服，但至少要穿着得体、仪容整洁；你不必针线女红样样娴熟，但是起码要会钉个纽扣、缝个被角；你不必烹炸煎煮，十八般厨艺样样精通，但起码应该有一两样拿手好菜，这样无论男人离家多远、多久，总能念念不忘家的味道。

总而言之，对一个女人来说，真正的美、真正的气质来源于内外兼修。因此，当你二者偏重其一时，应及时做出调整，既要注重外在的包装打扮，还要注重内在的修炼完善，这样你才有可能成为一个真正有魅力、有气质的优雅女人。

女人要学会说“不”

NÜREN YAO XUEHUI SHUO BU

第四章 女人一定要学会说“不”

如果一个女人在生活中，让自己事事妥协，处处做他人眼中的“老好人”，对别人的请求总是回答“好”，那么你身上的压力只会越来越重，更会耽误自己手上重要的事情。女人要学会说“不”，别让自己变成软弱的小绵羊。女人要知道，拒绝并非是背叛，而是产生信任的基石。只有真正的懂得了拒绝，懂得了说“不”，才能活得更加轻松、快乐。

1. 别让自己变成软弱的小绵羊

你看过《沉默的羔羊》这部电影吗？在电影中，女性被比喻成羔羊，她们纯洁善良，但是软弱无比。在罪犯们眼里，她们就是任其宰割的羔羊，很多无辜的女性被罪犯杀害。只有女主角才是真正的勇士，她坚强勇敢，与罪犯斗争到底，最终打破了女性羔羊般的懦弱形象。

在现实生活中，很多女人也和影片中的女人一样，她们善良、懦弱，她们总是那么本分、那么规矩。在工作中，她们任劳任怨；在生活中，她们洁身自好；在爱情中，她们贤惠、体贴。可是，她们却经常吃亏上当，遭遇不幸。

在著名女性作家、节目主持人吴淡如的博客中，有这样一个故事：

小婷22岁，长得很甜美，个性很温柔。按理说，她应该是很多男生喜欢的类型。但是出人意料的是，她却说自己是个“倒霉蛋”。怎么回事呢？原来，她从小家教严谨，从中学到大学都在加拿大读书，养成了温良恭俭的习惯。父母不允许她和“洋人”谈恋爱，经常叮嘱她：找对象一定要找华人。但是，在她读书的小镇里，并没有多少华人。

小婷在大一的时候，交了第一个男朋友，对方的家世不错，他的父母和小婷的父母有不错的交情，当那个男孩对小婷表达好感时，小婷本来不打算接受，因为她觉得那个男生离自己心中的白马王子形象差得太远：身高不到一米七，说话很无聊，长相很抱歉。可是，小婷的父亲一直鼓励她和那个男孩交往，理由是：“我们和他父母都认识，他不敢欺负你。”

在大家的鼓励下，小婷试着和男孩交往。可是，没过半年，男孩主动提出和小婷分手。这让小婷怎么也没想到，她说：“他的条件那么差，居然还甩我。"为此，小婷消沉了大半年，每天都活在痛苦和沮丧中，她后悔当初不该接受他，后悔没有拒绝父母的建议。

明明不喜欢，却还要委屈自己去接受，这就是乖乖女小婷的软弱。她的软弱和顺从让她吃到了苦头，尝到了痛苦，但愿她从此以后不再软弱。

其实，乖乖女并不是不懂得拒绝，只是从小习惯了服从，缺乏拒绝的勇气。当一件事情该拒绝，她们却没勇气拒绝时，她们的内心是痛苦的。有个女人在博客里痛斥自己的软弱和妥协，文章是这样写的：

"为什么我总是违背自己的感情？为什么我像绵羊一样善良？为什么我不敢对别人说'不'？为什么我要把别人的快乐建立在自己的痛苦上？为什么别人欺负我，我还会笑着说'没关系'？为什么我总是被欺负？我讨厌自己，我不想成为一个软弱的女人！"

女人虽然不像男人那样充满力量和坚毅，但女人不能失去勇气和智慧。面对该拒绝的事情时，如果你像鸵鸟一样逃避，以为遮挡住了眼睛就逢凶化吉，那么往往会使别人得寸进尺，最后把你逼到绝境之中。

兰欣有了女儿之后，他们开始过着"男主外女主内"的生活。后来，丈夫失业了，待在家里的那段时间，他买了一台电脑，经常上网和网友聊天，其中有个女网友和他聊得特别投机。时间久了，两人似乎聊出了感情。看着丈夫不出去找工作，整天在家上网，兰欣居然没有任何怨言。

后来，丈夫去见那位网友了。离家一个月后，他给兰欣打来电话，一开口竟然向她要钱。面对丈夫过分的行为，兰欣一次次地给他寄"外遇费"，一次次地苦苦哀求他回家，前后累计寄给丈夫3万元。

亲戚朋友得知这一情况，都说兰欣傻，兰欣却说："我只想用行动感动他回家，因为这个家需要他。"可是兰欣的想法未能实现，有次女儿生病了，她哀求丈夫回来，丈夫竟然不理……

你会为案例中兰欣的行为惊讶吗？面对老公外遇，她不仅没有发怒，反而心生怜悯，一次次地倒贴"外遇费"。她就像一只软弱的羔羊，遇到猛如虎的丈夫时，她被彻底吞没了。

在爱情中，“软弱羔羊”是不值得同情的，因为女人的软弱不会赢得男人的理解和同情，女人是在自找委屈。这就像周瑜打黄盖，一个愿打，一个愿挨，女人又能怪谁呢？

女人，你的名字不叫“弱者”，你的纯洁善良不是你软弱的理由，你不能再继续委曲求全了，更不能无止境地宽容和忍耐，你应该学会尊重自己，保护自己，要学会争取自己应得的利益。这样你才有可能赢得男人的尊重，赢得男人的欣赏，继而获得男人的珍惜和爱护。

2. 为什么女人比男人更难以说“不”

我们知道，与男人较为理性的思维相比，女人是较为感性的动物。男人是钢铁做的，女人却是水做的；男人具体而明晰，女人抽象而混沌。正因为如此，女人才会比男人更难以说“不”。尤其是在爱情中，女人往往担心拒绝会带给男人伤害，导致爱情破裂。于是，一个个乖乖女在男人的连哄带骗下失去了自己，被男人占为己有，并承受着可能被抛弃的担忧和痛苦。

美美恋爱了，这是她期盼已久的事情。在她和男朋友交往还不到一个月时，男朋友就向她提出了发生关系的要求，说想要完整地拥有她。美美当时不答应，男朋友马上不高兴了。几天后的一个月亮之夜，两人在林荫小道上激情热吻，两人都非常激动，于是男朋友又提出了那个要求。也许美美当时正在“性”头上，也许她害怕拒绝之后，男朋友又不高兴，于是她答应了。

从此之后，几乎每次他们见面，男朋友都提出那个要求，而美美基本上也没有拒绝。一开始男朋友对美美非常迷恋，每天给她打很多电话，发很多短信，还给她买礼物。但是渐渐地，美美发现男朋友越来越不重视她了，电话少了，短信少了，也不再送她礼物。后来，美美和男朋友因为一件小事发生了争吵，没想到男朋友撂下一句：“算了吧，我们分手吧！”美美没有挽留。

可是没过多久，男朋友又来找美美，他说失去后才发现原来很爱美美。在他的哀求下，美美又答应和他在一起。没过几天，他又向美美提出性要求，这时美美不再答应，男朋友马上不开心起来。在随后的几天，男朋友软磨硬泡，又是给美美买礼物，又是带她去看电影，之后当男朋友提出性要求时，美美变得不忍心拒绝了……

乖乖女为什么不好意思拒绝呢？或许是因为碍于情面。或许她们内心也想拒绝，但是碍于情面，怕别人不高兴，于是委屈地点点头。或许是害怕冲突，特别是在恋爱中，乖乖女最担心的是，拒绝男朋友会影响恋爱关系，导致感情冲突。

其实，一味顺从、答应未必是好事，拒绝也未必是坏事。因为对女人来说，有原则地生活，有原则地交往，才是理智的。因为女人行走在社会上，要与各种人打交道，难免会受到不同请求的困扰，如果不懂得拒绝，任何请求都答应，就算你有 72 变也无法满足所有人的请求，结果，只能把你累得半死，却被人戴上“言而无信”的帽子，何苦呢？

所以，赶快学会拒绝吧！对于任何请求，你应该有一个严格的标准，什么样的请求可以答应，什么样的请求应该拒绝，通过这个标准一衡量，你就非常明白了。对于你能做到的事情，而且你愿意做，那么你就答应别人吧。对于你无法做到，或你不愿意做的事情，勇敢地拒绝吧。不要害怕伤了别人的情面，也不要担心被人怨恨，因为说“不”是你的权利，你不是仁慈的上帝，你没有义务对别人有求必应。所以，女人要学会说“不”。

善于说“不”的女人是成熟理智的。面对变幻莫测的外界诱惑，女人首先想到的是自己，以及自己的爱情、孩子和家庭，哪怕诱惑再有魔力，她也会坚决抵制。因此，她是成熟理智的，是对自己负责的女人。

善于说“不”的女人是勇敢、美丽的。面对男人的性骚扰和不怀好意的要求，女人毫不含糊，严词拒绝，不给男人可乘之机。即便在恋爱中，女人也不会向男人的过分要求妥协，这样才能活得有个性，活得美丽。

善于说“不”的女人是智慧的。面对复杂的人际交往，尤其是复杂的感情生活，善于说“不”的女人是沉着稳重的，她懂得察言观色，善于洞悉男人的心思，能够将问题考虑得长远，即便是拒绝，也是在具体分析利弊之后的决断。这样既能巧妙回绝，又能避免卷入麻烦。

善于说“不”的女人是可爱的，她被每一个有品位的男人欣赏，值得每一个好男人去珍惜。因此，乖乖女们，赶快行动起来，努力做一个善于说“不”的女人吧！

3. 无力说“不”的后果

乖乖女通常天性驯良，经常把别人的感觉放在第一位，做事情时喜欢先为别人考虑。当遇到别人的请求或邀请时，明明心里不愿意，却又不好意思说“不”，甚至在公交车上被性骚扰时，也会在“喊”与“不喊”的问题上犹豫老半天，怕喊出来遭到别人异样的眼光，更怕与人产生冲突，于是她们可能干脆忍着。

与在公共场合被性骚扰带给你短暂的痛苦相比，生活中，有些事情给你带来的却是长期的痛苦。特别是感情上的事情，比如，一个你不太喜欢的男人追求你，你却无力拒绝，结果他经常给你发短信、打电话，你不回复、不接电话显得不礼貌，你回复、接电话吧，又没什么共同语言，让你左右为难。

芳芳是个典型的乖乖女，有一次，她认识了一个外地网友，在网上聊得非常投机，也交换过照片，她觉得对方长得蛮不错的，人也蛮幽默，就答应做他的女朋友，于是开始了一段“隔空恋爱”。

在网上交谈了两个月后，一天，男朋友说想和芳芳见面，芳芳答应了。那天，芳芳把自己打扮得很漂亮，拿着照片到火车站接男朋友。当男朋友出现时，芳芳发现他远不如照片上帅气，谈吐也很不入流。可芳芳抹不下面子拂袖而去，心想，他来一趟也不容易，于是勉强陪他玩了一个星期。

芳芳的痛苦陪伴让男网友以为她对自己有意思，于是，最后一天晚上，他竟然邀请芳芳一起住旅馆。芳芳一开始不同意，但是男朋友解释说：“我只想和你靠在床头，多聊聊，因为明天我就要回去了。”于是芳芳半推半就地答应了，结果那一晚，她失去了处女之身。更可怕的是，一个月后她发现自己怀孕了，而当男朋友得知这个消息后，居然消失了，再也联系不上。

借用《天下无贼》中的一句经典台词：“黎叔很生气，后果很严重。”我们想说的是，女人不懂拒绝，后果很严重。就拿芳芳的遭遇来说，其实明明是可以避免的，但因她无力说“不”，才会一步步跌入痛苦的深渊。

每个女人这一生都难免会碰上几个坏男人，这个时候，你千万不能因为太过随和、太过迁就、不懂拒绝而上当。知名女作家吴淡如说过：“该得罪的人，就算你不想得罪他，也没有必要讨好他。”就像芳芳，她能委屈自己，陪男网友一个星期，这已经是很够朋友了，为何还要“献上身体”迎合他呢？

当然，不只是恋爱中的女人需要学会说“不”，结了婚的女人同样需要学会说“不”。面对一些你不想做的事情，如果你无力说“不”，一味地忍气吞声，痛苦的将是你自己。

佳佳结婚后，和老公住在新房里，公公婆婆生活在旧公寓里。原本与婆婆分开生活是她期盼的事情，但是他们家有一个不成文的规定，就是每个周末，她的公公婆婆都要来他们家，而丈夫要求她每个周末都要做上一桌子公公婆婆爱吃的菜。

起初佳佳没有什么意见，也做得很好，但是没想到这件事一做就是10年。后来，佳佳对这件事的忍耐已经超出了限度，每到周五就睡不着，她心里盘算着明天要买什么菜。渐渐地，她开始痛恨周末。

到最后，她为此得了心病，心病又引起了身体不适，于是每到周末就开始偏头痛，疼得她在床上打滚。公公婆婆见她偏头痛，就说礼拜天不来了。听说公公婆婆不来了，佳佳第二天头就不疼了。

后来佳佳咨询心理医生，心理医生告诉佳佳：“你的症状是因为你潜意识里痛恨周末，恨不得生病导致的。你甚至宁愿去死，也不愿意过周末，可以说，你对‘周末给公公婆婆做一桌子菜这件事’恨到了极点。其实，这都是因为你不懂拒绝，如果你和丈夫说明自己的想法，拒绝每个周末给公公婆婆做一桌子菜，也许你丈夫会理解你，可是你为什么不说呢?”

佳佳说：“我很想拒绝，但是我担心说出来之后，丈夫觉得我不孝顺。万一公公婆婆把这件事到处说，我该怎么办呢？万一因为这件事丈夫和我离婚，我该怎么办呢？我的名声全败坏了……”

也许，很多女人或多或少都有不敢拒绝的心理，于是让自己带着虚伪的面具与人相处，做着违背真心的事情，委屈地活着，试问，这是你想要的生活吗？如果不是，为什么还要继续无力说“不”呢？

喜剧大师卓别林曾说：“学会说‘不’吧！那你的生活将会美好得多。”是的，你没必要成为有求必应的“好好女人”，就算你真的想成为“好好女人”，你也无法做到。因为人们的要求永无止境，或合理，或不合理，你或者可以满足，或者满足不了。这个时候，唯有勇敢地说“不”，才是最明智的选择。

4. 女人要想掌握主动权，就要把丑话说在前面

对于一个人来说，在社会交往中，主动权掌握在谁手中，谁就能够从中获得更多的机会。也正是因为这一点，人们都希望掌握主动权，但并不是每个人都能够如愿以偿。那么，为什么我们掌握不了主动权呢？

因为大多数人愿意演“红脸”，而不想当“恶人”。俗语有云，良药苦口利于病，忠言逆耳利于行，越是对人们有利的真话听起来反而不那么悦耳，爱面子之心人皆有之，所以不少人为了照顾别人的面子，为了让自己脸上有光，哪怕是有丑话也会烂在肚子里，在他们看来，这才是修炼好人缘的秘密法宝。可是，这种做法真的能换来好人缘吗？

当然不能，人与人之间的交往在本质上就是一种心理博弈，谁占据了主导权，谁就能够引领对方的言语，甚至是行动。这就好比是两军对垒，谁先发动攻击就能先发制人，获得战略上的优势，如果我们太过于爱面子，不好意思当“恶人”，不好意思说丑话，那么，无异于将自己的软肋暴露在对方面前，结果也只能是被对方牵着鼻子走，到时候早已失去了占据先机的机会，再后悔也是于事无补。所以，一定要主动把“丑话”说在前边，只有这样才不会在社会交往中受制于人。

所以，不管是同事还是亲朋好友，遇事先和人打招呼，把可能发生的不愉快说在前边，打好预防针，这种做法不仅不会伤害彼此之间的感情，反而能够表现出你对对方的尊重，此外，当两人遇到麻烦和不愉快时，因为有言在先，所以往往也已经有了一定的心理准备，大大降低了关系破裂的风险。

美兰是一位单身主义者，出于长远的人生规划，她打算在自己工作的城市购置一套房产，理想很美好，但现实却很骨感，作为一名普通的

工薪阶层，她的积蓄和收入并不足以购买一套公寓。

在一次偶然的聚会中，美兰和闺蜜谈起了这件事，谁知道两个人一拍即合，当即打算共同出资在市中心购买一套公寓。心动不如行动，两个人第二天就开始去售楼部咨询，并在工作人员的带领下四处看房。

经过长达半个月的看房和反复比较，两个人一致看中了位于市中心的“欧尚风情”高级白领公寓，随后两人口头商定一人出资一半，并缴纳了购房款。由于闺蜜工作十分繁忙，所以将办理房产证等事情全权委托给美兰，两个人是彼此信任的好朋友，美兰也没有推脱。五天后，当地房产局要求户主提供相关资料，房子是两个人买的，当然写两人的名字，当美兰打电话索要资料时，对方正在国外出差，所以随口说道：“写你名字就行，我信你，不说了，我得赶紧忙了。”说着便挂断了电话。

转眼三年过去了，两人住在一起也十分融洽，但突如其来的变故却令美兰头疼不已。一个月前，闺蜜被另外一个城市的大公司挖走，由于工作地点变动，对方想将房子的另一半产权按照市场价进行出售，于是矛盾便不可避免地产生了。

两人在出资之时，出于彼此关系的亲密，并没有把丑话说在前头，也没有谈及任何关于房子产权后期变卖等处理事宜，更没有拟定法律方面的合同，如今对方想卖掉另一半产权，美兰又不同意，由于房产证上的名字只有一人，所以未经美兰同意，房子无法变卖，此事让两个人越闹越僵，最后不得不走上法庭，曾经的真诚友谊也早因这场变故而成为历史，美兰也因此而失去了人生中最为珍贵的一个朋友。

实际上，发生在美兰身上的这种悲剧完全可以避免，永远都不要因为对方是熟人、朋友、同学或家人，就把那些“丑话”藏在心里，关系越是亲密，越是应该把那些不愿意说的“利害关系”说在前边，只有这样才能避免日后由于利益纠纷而产生更大的不愉快。

一根钉子已经钉入木板，尽管我们可以利用工具再把它完好无损地拔出来，但木板上的那个洞却永远都不可能恢复如初。人与人之间的关系又何尝不是如此呢？一旦关系陷入了僵局，并对彼此的情感造成伤害，那么，无论我们付出多大代价去挽回，都不可能再回到最初，所以，不要等到流行病爆发再去打防御疫苗，早早把“丑话”说在前头，才是最明智，也是对彼此负责的做法。

佛语有云，有舍才有得，大舍大得，小舍小得，不舍不得。社交中的主动权谁都想要，但世界上永远没有免费的午餐，要想掌握主动权，就要放下你的“面子”，抛弃你的“不好意思”，唯有我们把丑出在前边，做一个直爽坦率的人，才能按照自己的心意在社交中尽情畅游，而不必担心会授人以柄，被对方牵着鼻子走。

要把丑话说在前边，这里所说的“丑话”又是指什么呢？每个人都是一个独一无二的个体，都有着自己的处世原则和底线，所谓“丑话”就是指那些令自己不愉快的言语或者是对自己造成伤害的行为，一定不能碍于面子就保持沉默，因为沉默并不代表着相安无事，当内心积怨已深，迟早都会爆发出来伤害彼此，反倒不如早说出来，对方得知了你的底线，自然会避免不当的言行，从而和谐共处。所以，不要怕演黑脸，只有把丑话说在前头，才能始终把社交的“主导权”紧紧握在手心里。

5．没有能力办成的事情，女人不要轻易答应

俗话说，没有金刚钻就别揽瓷器活，当朋友们的请求超出自己的能力范围时，一定要实话实说，千万不可因为贪图一时的面子而满口答应，否则很有可能会失信于人。一边是一时的面子，另一边是做人的最基本信誉，想必每个人的心中都有一杆秤，知道孰重孰轻。但在现实生活中，仍然有一些人改不掉说大话的毛病，为了显示自己的神通广大，不管能否解决问题，先赚足面子再说，殊不知这种做法无异于杀鸡取卵，是不可能长久的。

诚实守信是中华民族的优良传统，古人常常告诫我们：一言既出，驷马难追。说出去的话、做出的承诺就好比是泼出去的水，无论怎样都是不可收回的，这就要求人们在许诺的时候一定要谨慎，否则便会丢掉自己的信誉，从而严重影响正常的社交活动，毕竟没有人愿意和一个言而无信的人交朋友。

直到今天，中国古代季布一诺千金的故事仍然广为流传，尽管朝代经过了无数次更迭，时代也早已变迁，但言而有信的美德从来都没有改变。做人要言出必行，做事要说到做到。现代社会，做生意赚钱要说话算数，交朋友更要有一说一，有二说二。随口说大话注定是会被众人唾弃的，言过其实的许诺损伤的不仅是信誉，还有朋友的信任和真挚的情感。

在一年一度的同学聚会上，大家敞开心扉热情地彼此交谈着。事业有成，家庭生活幸福的小于十分自然地成为大伙关注的焦点。在众多同学中，她是唯一一个开公司的。小于不仅是男同学心中的女强人，同时也是女同学心中的好榜样。经过几年的辛苦打拼，如今她的公司经营状况已经趋于稳定，盈利水平也是在稳扎稳打的基础上逐渐上升。

相对于普通上班族的同学来说，小于自然要富裕得多，她在公司所在地的富人区买了独栋别墅，为了保证工作的正常有序和丈夫与儿子的生活更加惬意，还专门请了做饭阿姨。“小于，小于，赶紧说说你的致富经，我们可是还挣扎在温饱线上呢！”饭桌上不知是谁先开了口，紧接着大家一片附和声，小于瞬间就成了整个饭桌上的焦点人物。

对于众人艳羡的眼光，小于可谓十分受用，在觥筹交错中，她颇有一种衣锦还乡的风光之感，于是便神采奕奕地讲起了自己的发家之道以及投资技巧等。转眼，聚会便接近了尾声，当小于准备喝掉杯中的最后一点酒时，曾经要好的姐妹小李瞅准机会凑了过来。

“于姐，我这有一个很不错的项目，肯定能赚钱但就是缺投资，你财大气粗，能不能帮我一把？只需要投资二十万，对于你来说不过是九牛一毛，怎么样，有兴趣吗？”小李一脸诚恳地望着小于，等待着她的回答。

在整个同学聚会上，小于被同学们当成最成功、最富有的人，如今的她自然不愿意自己打自己的脸，所以随口回答道："投资才二十万啊，这还不容易，就算不赚钱，凭咱们的交情，我也肯定会帮忙。"

小李一听整张脸都笑开了花，她随口接道："实在是太好了，我回去就写一份投资计划书，只要你的投资到位，事情就成功了一半。"小于回应道："好说，好说。"

一周后，小李带着自己的投资计划书来到了小于的公司，并讲述了详细的计划方案，然而此时的小于却犯了难。她在同学聚会上不过是说说而已，根本没有投资的打算，因为自己的公司已经步入正轨，需要不少数额的流动资金。虽然二十万不多，但如果真抽调出二十万给小李投资，那么，公司的运营肯定会出现问题。由于太顾及面子，所以小于并不愿意承认自己资金紧张，所以便撒谎说自己当时喝多了并不记得这回事。

结果可想而知，虽然小李嘴上没说什么，但心里却已经有了看法，既然做不到当初就不要说，说了到临头反倒不承认了，这实在不是君子所为。在小李看来，小于只会开空头支票，根本不是一个言而有信的女人，从此两人的关系也越来越疏远，越来越冷漠。

吹牛皮说大话是人际交往中的大忌，在社会交往中，人们往往更喜欢和诚实的人打交道，所以夸夸其谈的女人往往并不受欢迎。面子是群体生活的产物，如果单纯用独立的眼光去看待一个人，那么，无所谓面子不面子，但一旦站到了群体中间，面对亲戚朋友或者陌生人时，面子就毫无声息地出现了。也正是因为这样，一个人在自言自语时，往往不会说什么大话，只有在人前才有突显面子的想法和欲望。

一个女人的能力再强，也有做不到的事情，所以千万不要轻易许诺。刘墉曾经说过："不要在必输的时候逞英雄，也不必在无理的环境下讲道理。否则，你就永远没有讲道理的机会了。"其实信义也是如此，一旦我们失信于人，那么要想再得到对方的信任就十分困难了，所以，无论如何都不要因为贪图一时的风光而开出空头支票，否则只能伤了别人，害了自己。

在与人交往的过程中，如果真能为对方雪中送炭，解燃眉之急，这固然是好事，但办事说话一定要量力而行，切不可红唇白牙说大话。尤其是在许诺的时候，一定要注意掌握好分寸，不要把话说得太满。有时候，并不是全力以赴就能事事顺利，因为很多客观因素是无法改变的，在正常情况下能做到的事情，放到特定环境中，很有可能就会演变成一件无法完成的任务，所以，许诺不可过于草率。

若逞一时之勇，怎得万世英名？然而，在现实生活中却有不少人对如此深刻的道理置若罔闻。有些事明知做不到，但为了一时的面子，为了脸上有光，他们丝毫不顾及是否会因此失信，反倒是大包大揽，以至于最后不仅丢了面子，还丢了朋友与做人的尊严。倘若做不到，就不要为了逞强而许诺，只要我们向朋友说清，肯定能够赢得对方的理解，毕竟绝大多数人都是通情达理的。

那么，社会交往中的面子难道就不要了吗？面子要不要，关键是要看事情的“面子价值”和长远利益。逞一时的口舌之快，许诺的那一刻虽然面子十足，但这样的面子就像肥皂泡，阳光下五光十色，十分漂亮，但迟早都会破碎，到时候岂不是更没面子？有里子的面子才是真面子，所以先做一个言而有信的人吧，只有在这个基础上追求面子，才不会徒劳无功，毫无意义。

6. 必须放弃“要做好人”的想法

俗话说，有得必有失，这句哲理在社会交往中也同样适用。有时候要想达到我们想要的目标，就必须放弃做“好人”的想法。当机会来临时，该出手时就一定要出手，千万不能因为不好意思争取而白白把机会拱手让给了别人。尽管随着经济的不断发展，人们的生活也越来越富裕，但社会资源毕竟是有限的，要想做人上人，就必须占有比旁人更多的资源。如果太顾及面子，不愿意与他人成为对手，那么再好的机遇也会付诸东流。

在职场和商场的竞争中，没有任何一个人会认为失败者没面子，人们往往只会认为他们不过是技不如人，所以屈于人下而已。既然如此，为什么还要不好意思呢？为什么会觉得与人竞争是一件没有脸面的事情呢？谦谦君子确实是中国从古至今一直倡导的优良品质，但凡事都有特定的环境，脱离了特定背景的谦逊，就好比是纸上谈兵，是毫无说服力的。

从哲学的辩证角度来看，任何事情都有其两面性，所谓“塞翁失马，焉知非福”。人们都愿意成为一个有脸有面的“好人”，但世界上从来都没有十全十美的好人，所以不要再因为“好人”的面子而一忍再忍，一退再退，只有抛开了这些，才能在竞争中毫无负担地勇敢拼杀，为自己赢得一席生存之地。

小田经过几年的打拼后，开始独自创业，功夫不负有心人，经过了几年的努力，如今他承包经营着的新技术开发公司逐步走上了正轨，盈利能力也越来越可观。从一个默默无闻的小企业到当地小有名气的中型企业，公司的产值和员工待遇也是水涨船高，如今小田的公司是求职者眼中的香饽饽，丰厚的收入以及巨大的未来发展空间引得不少人都想进入这家公司工作。

又是繁忙的一天，小田刚刚处理完手头的工作准备下班时，接到了一个熟人的电话。打电话过来的是他曾经的老上司，实际上小田能有今天的成就，这位老上司也是功不可没，他可是小田进入新技术行业的领路人，所以当对方提出一起吃个便饭时，小田想也没想便答应了。

两人约好在一家安静典雅的咖啡馆见面，小田原本以为只有自己的老上司一人，到达约定地点后，他才看到老上司的旁边还坐着一个中年人。“小田，这位是老陈，前阵子你不是说公司还缺一个技术员吗？老陈在这方面的经验十分丰富，我可是好不容易才帮你挖到这么优秀的人，你们回头不妨好好聊聊。”

实际上，小田公司刚刚结束招聘，如今技术员的岗位早已不再空缺，可是碍于面子，尤其是老上司千辛万苦为自己挖人这份真诚，小田实在是拉不下脸来做“恶人”，所以便勉强答应对方来公司面试。

从公司的管理和经营角度来说，小田实在是不需要再增加人员，但老上司对自己有知遇之恩，倘若就这样拒绝了他的请求，岂不是不仁不义，甚至会被人看成知恩不报的小人，所以，经过仔细考虑和权衡后，小田把这位中年人安排到了技术测试的岗位上。可是，没过几天，他便发现，自己简直是养了一个庸才，哪怕是十分明显的技术错误，他也发现不了，而且上班常常迟到，在整个公司的影响十分恶劣，已经严重影响到了其他人员的正常工作。

辞退他吧，实在是碍于面子没法交代，毕竟已经办理入职手续了，如此一来岂不是出尔反尔？可是如果留下他，不仅是白送一份薪水的问题，更重要的是对公司的长远发展十分不利。是为了好人的面子一忍到底，还是做一回坏人保证自己的利益呢？小田为此十分烦恼，整天都是愁眉苦脸。

转眼一个月过去了，这件事简直已经成为小田的一块心病，忍无可忍的他终于在中年人再次犯错时大发雷霆，并解雇了这名老上司推荐的员工。与其到最后成为“恶人”，反倒不如一开始就学会说“不”，学会抛开做好人的想法。如果小田能在一开始就拒绝，那么，完全不会因此而陷入赔了夫人又折兵的困境。

实际上，故事主人公遇到的这种情况在现实生活中十分常见，不少人和小田一样，哪怕自己吃亏也不愿意扯下面子。俗话说，当断不断反受其乱，与其整天都被困扰，不如刚开始就抛开面子，当一回“恶人”，唯有学会放弃做“好人”的想法，我们才能避免吃力不讨好的赔本买卖。

不少职场中的老实人就常常被“好人”的面子标签所绑架，哪怕是公司经营不景气，也放不下“仗义”的面子，哪怕自己职业受阻也要陪老板坚持到底，实际上这是一种十分愚蠢的行为。跳槽并不是什么罪大恶极的事，当跳则跳，只有敢于放弃做“完美好人”的想法，我们才能毫无心理包袱地在事业的康庄大道上一路前行。

当然，放弃做好人的想法并不是说一定要得罪他人，而是告诉人们不能怕得罪人。中国历来都是以和为贵，所以，在拒绝对方的时候不妨语气和善些、方式婉转些，这样不仅能避免伤了对方的面子，还能有效地维护自身的良好形象。

所以，女人们，赶紧放弃做“完美好人”的幻想吧！原则上需要拒绝的事情，一定要及早拒绝，把那些费力不讨好的事情扼杀在萌芽状态。此外，拒绝时务必要说清楚，以免对方理解偏差，从而带来完全不必要的麻烦和误会。

7. 从一个双唇音开始，坚定而自信地说“不”吧

在社会这个大圈子里，女人难免会和各种各样的人打交道，这时就应该把握好做人做事的分寸，该拒绝的时候懂得拒绝。比如，一个轻浮的客户对你做出有损你尊严的举动时，你应该巧妙地拒绝。既避免你被他占到便宜，又保证不影响你们的合作关系。

可是，很多女人在拒绝时，往往觉得不好意思，怕伤人心，或是拒绝不坚定，优柔寡断、半推半就，这样的拒绝显得软弱无力，这就好比你和别人比武，别人出拳，你却给人挠痒。一旦别人看出了你的弱点，就会向你发起猛烈“进攻”，于是你注定被“打倒在地”。所以，如果想拒绝，就应该坚定而自信、干脆利落地拒绝，不要给别人留有任何悬念

和余地。

尤其是在关乎你人生的大事上，你一定要保持理智，该拒绝时坚定地拒绝。比如，在爱情中，面对一个你不喜欢的男人的追求，你应该大胆地说“不”；面对男人得寸进尺的行为时，你也应该大胆地说“不”。这样你才不会轻易受到烦恼的牵绊，你才能找到真正的幸福和快乐。

小葵和男友交往了一年多，父母都觉得他们该结婚了，于是张罗着给他们筹办婚礼。就在这个时候，男友提出了很多不平等的要求，比如，礼金要全部归他家所有，举办婚礼的费用两家平摊，结婚后逢年过节必须在他家过……面对如此不讲道理的男友，小葵当即决定不和男友结婚，而是和男友分手。尽管喜帖已经发出去了，酒席也预定好了，小葵也毫不在意。她对父母说：“我男友的行为让我明白，他不是我想嫁的男人，我要把这个自私的男人踢得远远的。”

该拒绝时一定要勇敢地说“不”，没有什么不好意思的，因为今天你的一再妥协、容忍很容易助长别人的气焰，别人可能觉得你软弱好欺负，今后一而再、再而三地在你头上“动土”。到那时，你就会非常被动了。小葵的做法告诉我们，女人不是软弱者，不应该被欺负，该拒绝时应毫不留情地拒绝。

女人们，一般来说，当别人的请求违背了这样几点时，就应该考虑拒绝了：违背了你做人的原则；不符合你的兴趣爱好；违背了你的价值观念；会导致你陷入不利的境地；会有损你的人格；会助长你的虚荣心；会导致你违法犯罪，等等。

对于违背了你做人原则的事情，你应该果断地说“不”。假如你是一个光明磊落、公正正直的人，那么当别人让你帮他偷奸耍滑、徇私舞弊时，你应该勇敢说“不”。比如，你是公司的财务人士，有做假账的机会。一天，一个同事找到你，让你帮忙做一个假账，让他吃点回扣，他许诺给你一定的好处。这个请求违背了你的做人原则，那么你应该果断地拒绝。如果你不拒绝，而是答应帮忙，那么一旦东窗事发，你会将承担严重的责任，你可能因此丢掉工作，甚至还可能受到法律的惩罚。

对于不符合你兴趣爱好的事情，你也可以说“不”。试想一下，假如你不喜欢登山、露营等户外项目，而你的朋友却拉着你一起登山、露营，而这个时候你恰恰有自己喜欢做的事情，那么你是不是应该说“不”呢？当然了，这种事情是否应该拒绝完全取决于你自己的意愿。如果有一天，你突然想尝试一下登山、露营等活动，你也可以爽快地答应。

对于违背你价值观念的事情，你也应该说“不”。假如在你的价值观念里，保守、安全、稳定、谨慎等是你所追求的，那么当别人要求你改变这种价值观念，去做一件充满风险的事情时，你可以选择拒绝。而且你的理由很充分，你可以说：“我向来不做没有把握的事情，你所说的事情风险太大，我不想做。”

对于会导致你陷入不利境地的事情，你也应该说“不”。在生活中，你难免会被亲戚、朋友、同事等人的求助，你有能力帮忙自然是最好，但是如果你的能力有限，无法帮别人解决困难，那么你没必要勉强自己。否则，你不但帮不了他们，还可能失去他们的信任，甚至把你卷入困难中去。

总而言之，女人应该有自己的思想和主见，对于自己不喜欢做的事要拒绝，免得委屈了自己。比如，客户要求你陪他喝酒、唱歌，同事约你吃饭、逛街，如果你不想去，就应该拒绝。你可以说：“对不起，我感觉很累，想早点回家休息。”“不好意思，我很忙，没有时间陪你逛街。”不要害怕拒绝会影响你的形象和你的人际关系，因为拒绝是你的权利，而且，真正的朋友会关心你、体谅你的。

第五章 理直气壮地拒绝，别让不好意思害了你

很多女人在拒绝时，往往觉得不好意思，怕伤人心，或者是拒绝不坚定，优柔寡断、半推半就，这样的拒绝显得软弱无力。一旦别人看出了你的弱点，就会向你发起猛烈“进攻”，你注定被“打倒在地”。所以，别让不好意思害了你，如果想拒绝，就应该坚定而自信、干脆利落地拒绝，不要给别人留下任何的悬念和余地。

1. 该说“不”时若说“行”，哑巴吃黄连的命

在中国汉字中，“不”字的笔划是比较少的，写起来很简单，可说出来并不容易，甚至是难以启齿。因为当我们对别人说“不”的时候，意味着拒绝别人，比如，拒绝别人的请求、求助、请托，乃至别人的好意。这绝对是一个令人感到棘手的问题。所以，很多人本着不伤害别人的面子，也会硬着头皮答应别人，事情办好了则好，万一事情办砸了，不但伤害了别人，还会让自己有一种哑巴吃黄连，有苦难言的莫名委屈。

毫不夸张地说，在人类的所有语言中，拒绝的话最难说出口。拒绝一个陌生人容易，但如果这个人是你的上司，是你的父母，是你的爱人，是你的儿女，是你的恩人，是你的患难之交……那么，又怎么能拒绝？越是亲近的人越是容易被我们的拒绝而伤害，所以，当面对那些熟悉而又珍视的人时，人们为了面子不好意思拒绝，因为担心伤害对方实在没法拒绝，为了维护对方对我们的美好印象而不忍拒绝。殊不知，这样的“不好意思”只能令自己陷入难堪的境地。

家住X城市的黄先生准备周末开车去Y城市出差办事，由于途中会经过Z城市，他老婆的闺蜜便请他帮忙购买几份当地的特产——烤鸡。不过，让黄先生为难的是，他虽然途经Z城市，但只是从该城市的外围经过，况且他对Z城市的市区道路并不熟悉，因此，他不愿意接受这个请托。不过，黄先生的老婆并不这么认为，她的理由是大家是多年的闺蜜，关系很好，况且对方曾经帮过自己，因此，这件小事一定要帮忙，所以她答应了闺蜜。

没办法，既然老婆都答应了人家，黄先生也只好照办。到了Z城市，

黄先生在市区绕了一大圈，才找到当地有名的烤鸡店，然后买了几只烤鸡，再匆匆地赶到Y城市去见客户。由于购买烤鸡耽误了将近一个上午的时间，不得已，黄先生只好在Y市多住一个晚上，才把事情办妥。可是由于烤鸡在车里闷的时间太长，买回来时已经坏掉了。闺蜜见状，直接拒绝接收。由于事先闺蜜没有给钱，购买烤鸡的钱是黄先生垫付的，现在闺蜜不肯要变质的烤鸡，黄先生只好自己埋单。

黄先生原本一片好心，但却办了坏事，搞得却事与愿违。事实上，这个忙并不适合去帮，可黄先生和他老婆在该拒绝时不拒绝，结果吃了哑巴亏。黄先生这种“好心没好报”的遭遇，在我们的生活和工作中经常遇见。要想避免类似的事情发生在自己身上，最简单的方法就是告诉对方：“对不起，我办不到。”如果这句话你说不出口，那么你注定是哑巴吃黄连的命。

张颖是一家会计师事务所的会计，是部门里出了名的“老好人”。只要同事们有事情求张颖，她基本上都会答应。我们知道，会计师的工作压力与工作强度并不低，张颖虽然喜欢助人为乐，而且为自己赢得了很好的口碑，可是也给自己带来了很多麻烦。有时候，为了赶上工作进度，她加班加点地查点账目。这个时候再帮别人，更是让她身心疲惫，稍有疏忽就会前功尽弃。

这样的日子让张颖吃尽了苦头，有时候她很想拒绝同事的请求，但总觉得“不”字说不出口，话到嘴边又被她硬生生地咽回去。的确，没有人喜欢被人拒绝，但是，当你力不从心的时候，除了学会拒绝，也别无他法了。尤其是面对他人不合理的请求时，为了避免自己成为冤大头，出力不讨好，果断地拒绝才是保护自己的最好方式。

历史的车轮碾过了一代代交错的人脉网，只要有人的地方就会有各种各样的复杂“关系”，正是碍于这样或者那样的关系，我们不好意思说“不”，不好意思说“丑话”，不好意思“拒绝”，所以哪怕是一个烂摊子，哪怕自己心里有多么不情愿，还是会做出退步，去做那些费力不讨好的事，但这么做值得吗？

人活一张脸，树活一张皮，尤其是在公众场合，谁都希望自己有面子。在人们的潜意识中，大家往往认为拒绝他人是一种不友好的行为，会拉开自己与他人的距离，甚至是与整个群体都显得格格不入。正是因为这样的群体意识，所以社会中才有不少人宁愿打落牙齿往肚子里咽，也不会公开拒绝他人。殊不知，一味的答应，永远的“好好先生”形象，反而会给人一种虚假感，而且极容易被有心人利用成为“冤大头”。所以，别再千篇一律地回答“好”或者“行”，该拒绝的时候学会拒绝吧，只有这样，我们才不会在好看的面子下独自品尝那颗苦涩不堪的心。

2.“不好意思”背后隐藏的是虚荣心

若说男人死爱面子，其实女人比男人更爱面子！女人自古爱虚荣，女孩们喜欢看时尚杂志、喜欢逛时装店，喜欢漂亮衣服，喜欢互相攀比；能为一个时尚发型拼上血本，能为橱窗里不属于自己的 LV 包包夜不能寐，找个帅男人做男友只是为了在姐妹面前显摆……爱虚荣的女孩其实内心是最空虚的，她们打肿脸充胖子，自己疼还要别人说好，根本没什么幸福可言，更是与好命沾不着边。

虚荣是一剂毒药，而且会上瘾，对照这十大症状，看看你是不是也染上了。

第一毒：自命不凡，谁都看不起

有她聪明的没她漂亮，有她漂亮的没她聪明，比她聪明又漂亮的，性格肯定没她好。自信很可贵，但自信膨胀成自大的时候，就容易把自己撑破了。而且现实总归是现实，人不可能活在自己自大的虚妄世界里。

什么杂志电视里的女明星都不如她好，她的眼睛不是长在头上，而是长在天上的。这类女孩把自己当成天仙，认为来到人间就是受罪的，她不喜欢跟任何人交流，因为“没有共同语言”。她的优越感要让男友来维护，完全把自己的享乐建立在别人的痛苦之上。

第二毒：吹嘘自己的男友是多么优秀

明明男友只是个中专生，却被她说成是工程师，明明男友的老爸是个乡下农民，也被她说成是民间艺人，总之，这类女孩要把跟自己关系密切的人都吹的不是政界高官就是商界显要。她们要的就是别人艳羡的目光，甚至为在别人面前证明自己的男友优秀，刻意让男友做出一些“出格”的事来。她们决心把男友把丈夫打造成全世界最听话的人，却不知对方早已是快要爆发的火山。这类女孩，迟早会把自己的好命断送在自己的虚荣里。

第三毒：天底下每个男人都喜欢她

这类女孩可能有些漂亮就不把自己当人看了，她以为天下的男人们都非她不娶，如果只是为了提高自己对男友的吸引力也就罢了，可在她眼里身边的男人永远没路上的男人好。她在意的是在路上有个高大英俊的帅哥对她露出迷人的微笑了，某个钻石王老五见她一次面就邀她参加生日聚会，就连年轻帅气的男警察，都因为她的可爱而原谅了她的违规。就差没说过刘德华也曾给她写过情书，比尔·盖茨也说过如果她喜欢钱就随便她花了。

第四毒：工资少还要用名牌

这类女孩是典型的月光族。用一个月的工资买双 GUCCI 的鞋子，用两个月的薪水买只 LV 包包，甚至连纸巾都要用大多数人都消费不起的名牌。一个普通职员却比总经理都趾高气扬，就因为她那身根本不需要却要在人前显摆炫耀的奢侈品，即使背后别人笑她傻，她还乐得全天下人都不如她的样子。

第五毒：把自己当成流行代言人

这类女孩完全是个流行跟屁虫，却还把自己当成是引领风潮的第一人，她们为流行而生，从不考虑是否合适，不想是否科学，只要是流行的，哪怕是割一块肉她也舍得，生怕被人说落伍，今天街上流行性感，她必去隆胸，突然传闻流行太平公主，她又马上去吸脂；流行纹身，她一口气纹三四个，因为没有鼻钉被人笑话，她会在肚脐上挂个银环，如果不是男友反对，她甚至要在舌头上钉钉子，要是哪天流行砒霜美容，说不定她也会去尝试。

第六毒：热衷于考各种学历和认证

女孩爱学习没错，可如果要把学历和证书来当做比别人聪明的资本来炫耀的话，就太不值得了。这类女孩上学时也许不喜欢学习，但会突发奇想地迷上考试，今天是注册会计师，明天就是英语八级，如果老公或男友是律师的话，她也要通过司法考试，不拿到律师资格证绝不罢休，还美名曰跟男友看齐。天晓得她们公司根本没有这项要求，只不过是为了证明自己比天下的女孩都聪明而已，别人的看法对她来说最重要，不管 ABC 对她来说有没有用，也要整天挂一嘴别人都不懂的专业术语。

第七毒：世界 500 强才有面子

如果可以，这类女孩就是把 500 强穿到身上的那种，为了进一家大公司，哪怕挤破层皮她都愿意，虽然做的是一般的工作，却也乐此不疲。工作是为了什么？第一是薪水，第二是成就感，而她们只图个名气。喜欢和同学朋友说起来，引起一片羡慕的感觉。哪怕每天她花 5 个小时上下班，工作既无聊工资又少，每天回家都要跟男友大发一顿脾气，可只要跟外人提起她的工作，马上就又兴奋无比，好像她不是去打工而是当上了 CEO 一样。

还有的是对换工作热情过头，当然换的都是大公司，她的口头语就是“我在某某超级公司都干过”，好像 500 强非她不要似的，如果做得好也就罢了，关键是她三天两头就换，500 强都快被她挨个走遍了，她还得意地跟人说：“看，我又把那个公司炒了！”

第八毒：冒充高收入阶层

用自己的血汗钱为别人做贡献，还有什么比这更可笑的？可偏有那么一部分虚荣心极强的女孩，明明只是普通职员，却非要说是高收入阶层，被人请客去过几次高消费场所后，自己的消费水平也跟着上去了。别人还真以为她日进斗金呢，变着花样让她请客，为了面子她从不会拒绝，天知道她请人吃顿饭会心疼的一个月都睡不着觉。她们张嘴闭嘴就说我们去的是高收入阶层的乐园，不是随便谁就可以去的，而那些高级会所的服务员，最看不起这类人。

第九毒：崇洋媚外，什么都是国外的好

都什么年头了，还要崇尚外国的东西，全世界的大品牌在中国都有工厂，她们衣服要穿国外的，护肤品化妆品更是不要中国的，她们"不求最好，但求最洋"……这类女孩的虚荣最浅薄，别人借她支笔，她都要说："我这是德国进口的，你别用坏了。"她不是舍不得给别人用，纯属是为了在别人面前显摆。如果你问她疯牛病可是地道的英国进口，你喜欢吗？她可能会说，那也比国产的鸡瘟听起来洋气。如果有一天，她在她的宝贝洋货上发现 MADE IN CHINA 的时候，不知会是什么样一副表情。

第十毒：把自己说成是某个贵族的后代

她们不看现在也不想将来，一头心思都在寻根问族、追根求源上，她姓刘，就要说成是刘邦的后代，她姓金，就要说成是爱新觉罗氏的后裔，有事没事都去查相关资料，甚至要把姓改成爱新觉罗，生怕别人不知道她的贵族血统。最后把网络和图书馆翻了个底朝天，终于弄清了自己的祖先，原来是一位清朝王爷的农奴。这类好笑的事，恐怕只有她们才能做得出，虚荣到最后，还是丢尽了面子，何必呢？

虚荣并不完全就是坏事，适当的虚荣可以让人奋发向上。女为悦己者容，爱美之心是女人的天性，但你赚多少钱就活多少钱的命，要懂得量力而为。而且美丽不光是华丽的服饰就能包装出来的，要努力提高自身的修养，用气质去衬托你的形象，千万不要在别人的称赞里迷失了自己。

而且，年轻女孩虚荣过头，就容易让男人有可乘之机。她们架不住男人的花言巧语，一点恩惠就被看成“爱”，甚至为了虚荣心的满足以身相许。不管自己有没有颜色，只要有男人打着爱的幌子说：“做我的红颜知己吧！”她轻飘飘地就完成了男人寻欢作乐的借口。这类女孩实在傻得可以，丢掉前途，抛弃梦想，沉溺于无谓的虚荣不仅被看不起，以后连自己也不会原谅自己，所以，年轻的女孩们醒醒吧！虚荣是一种致命的毒药，千万不要去碰它！

3. 死要面子的结果往往是“活受罪”

不论我们是谁，生活在哪里，扮演着怎样的角色，都不是为别人而活，而是为自己。中国有句老话叫“死要面子活受罪”，事实上，它极为恰当地反映了那些“面子主义者”的真实情况。

面子好比是一条变色龙，会随着环境而不断地变换角色。家庭、工作、社交，场合不同，面子给我们带来的影响也不同。所以，唯有正确理解面子，才能避免败在不好意思上。

无论“面子”的含义被理解宽了，还是理解窄了，都可能会演变成一种人生负担。倘若仅仅为了面子，而背负沉重的包袱吃力前行，那就得不偿失了。但在现实生活中，人们的贪念往往会把面子无限放大，而自我与环境的差距过大，正是现代都市人幸福指数下降的主要原因。

小陈是知名美术院校的高材生，毕业后，她凭借自己过硬的专业功底，进入一家时尚杂志社担任美编。不少朋友都很羡慕小陈，因为她始终都走在时尚最前沿，但却没几个人知道她的烦恼。尽管小陈的收入还算不错，但在同事面前她常常觉着没面子，抬不起头来。

看到周围的同事穿着国际名牌，拎着上万块的皮包，再反观自己的寒酸，小陈觉得脸上实在挂不住。为了找回点面子，除了基本的生活消费，她剩下的钱基本都花在了置办行头上。有一次，为了省钱买个 LV 的包，她连续一个月一天只吃一顿饭，还美其名曰是为了减肥。在朋友眼中，她是时尚漂亮的富家女，但实际上她出身很普通。父母都是退休教师，生活虽然无忧，但远远没有达到可以随意挥霍的地步。

转眼两年过去了，周围的朋友买房的买房，买车的买车，“月光族”的小陈则根本没有多少存款，更不用说买房买车了。在一年一度的同学聚会上，当大家谈论着房子、车子时，小陈感到十分难过，这让她萌生了坚定的信念：买房需要的资金实在太多，况且自己又是女孩，所以无论如何都要买辆车。

实际上，小陈太爱面子了，但她自己丝毫没有意识到这一点，反而在面子的泥潭中越挣扎越深，生活也越来越枯燥无味。为了在同学中显得有面子，她不考虑个人需求，盲目地决定买车，实际上她根本没有意识到，自己已经被所谓的“面子”绑架了。

在接下来的日子里，她开始看车，普通的车没档次，实在看不上眼，她比较中意的是一款四十万左右的奥迪。为了买下这辆车，她东拼西凑，甚至把父母的养老钱都拿了出来，好不容易凑够了首付，又办理了为期十年的银行贷款。自此以后，小陈的生活水平直线下降，沉重的还款负担，让她整日都陷入忧心忡忡之中。

为了还车贷，她减少了日常支出，以前还常和朋友聚餐、看电影、旅游，现在则不得不放弃这些活动，除了上班，整天都窝在家里不出门。虽说有了车，但车辆的保养、燃油等支出也是一笔不小的费用，所以一般情况下，她很少开车出门，只在同学聚会等场合，才开着自己颇为得意的坐骑前往，平时则停在车库里“积灰”。

实际上，我们明显可以看出：小陈的做法并不明智，但在现实生活中，像小陈这样的人不在少数。本来买经济适用的车型就能满足需求，但为了攀比，显得有面子，为了避免在人前不好意思，非要买豪华车，结果收入严重透支，反倒因面子而受累。

吃饭宴请，向来是传统的待客之道。但如今，吃饭宴请也在人们追逐面子的过程中越发恶俗。现实生活中，越穷的人越喜欢请客，这种现象背后的罪魁祸首就是“排场”。不管是婚宴、生日宴，还是幼儿满月、老人丧礼，排场简直是无孔不入。哪怕是一件小事，也要大操大办，不惜耗费大量财富，仿佛只有这样才会好看、风光、气派，否则就没法在亲朋好友面前抬起头来。

其实，人们大讲排场的背后，还是面子在作怪。仔细想想，什么是好看？怎样才能算得上风光、气派？排场不过是外在形式而已，如果仅仅为了这点外在的东西，就大肆浪费钱财，甚至遇事都被面子牵着走，又何来尊严和自由？

实际上，人才是世间万物的灵长。所有身外物都是为人服务的，可我们却忘记了它们原本的使用价值，将其视为虚无缥缈的“面子”象征。女人还是现实一些好，丢掉攀比的坏习惯，抛开作祟的虚荣心，从今天开始，摆脱“面子”造成的困扰，简单而轻松地生活吧！

4. 拒绝并非是背叛，而是产生信任的基石

当你被人拒绝的时候，你的感受是怎样的呢？可以说，很多人觉得被人拒绝是一种伤害，正因为如此，我们才不太愿意拒绝别人。尤其是好朋友之间，拒绝似乎意味着“背叛”、意味着薄情寡义。但实际上，

拒绝并没有这么深远的负面效应。相反，有时候拒绝并非背叛，而是一种信任，一种肯定，甚至是一种帮助。

有个不到20岁的年轻人，带着自己多年写下的厚厚的一本大文章，走了很远的路，去拜访他敬佩的作家。见面后，他对作家说：“我为了见你，攒了很多天才攒够路费，路上我什么都不敢吃，害怕把回去的路费也吃掉了。”说到这里，他羞愧地低下了头。

这个年轻的文学爱好者的话让作家有些感动，他拿了一条毛巾给他，让他擦擦脸上的汗。年轻人一边擦汗，一边羡慕地说：“你的工作真好，办公室好宽敞、好漂亮啊！”作家说，好好写你的文章，将来你也会有这样的办公室。

午饭的时间到了，作家带着年轻人去吃饭。吃饭的时候，作家对年轻人说：“我看了你写的那些文章，华丽有余但力量不足，总的来说，文字基础还是不错的。如果你坚持下去，将来一定会有不小的收获。”作家的褒奖让年轻人多了几分自信。之后，作家留下了电话号码给年轻人，并对他说：“有什么事情你可以给我打电话，也可以来找我。”

天色有些晚了，作家不停地看表，示意年轻人该回去了。年轻人明白了作家的意思，临走的时候，他羞怯地说：“能不能再吃顿饭，这样回去的路上，我就可以不吃东西了。”作家满足了他的要求，又陪他吃了一顿饭，还替他打包了一些饭菜，让他带在回去的车上吃。

作家送年轻人到车站时，年轻人掏了掏口袋里的那些零钱，不厌其烦地说手头多么拮据，言外之意是希望作家给他买一张回程票。作家的口袋有钱，但他没有掏出来。他对年轻人说：“我也有过穷困潦倒的时候，那一次，也是在车站，我的钱不够买车票。我没有向别人讨要，而是去杂货店买了鞋油和鞋刷，在车站外面帮人擦鞋，擦一双鞋一块钱，一共擦了五双鞋，可还是不够买回程的票。于是我买了短途的票，在火车上继续帮别人擦鞋，一站又一站，最后我终于到家了。”

听完作家的故事，年轻人又一次羞红了脸，这一次，是他的灵魂感到羞愧。

几年之后，这个年轻人已经小有名气了，他被当地的文联破格录用，也有宽敞漂亮的办公室。

拒绝不是伤害，不是背叛，而是信任，是肯定，是帮助。作家拒绝年轻人，是相信他有办法可以凑足返回的车票，是肯定他的能力，是在帮助他这段依赖、讨要的懦弱心理，帮助他更好靠自己的力量去成长。

拒绝别人不是什么罪大恶极的事情，它只是平常生活中一件平常事，对于别人的请求，你答应他、帮助他，那是你给他的人情，如果你拒绝他，那也是你的本分。因为世界上没有规定，谁一定要帮助谁，谁一定要答应谁的要求。帮与不帮，接受与拒绝，全凭你的个人主观意愿和能力。

陈菲是一家跨国集团的一名小职员，她工作能力强，对待同事也十分热心，所以在公司人缘相当不错。在下班前，她终于忙完了手上所有的工作，明天就是周末了，看来这会是一个没有任何心理负担的周末，这真是一件令人高兴的事情。收拾好办公桌上的文件，看看表，还有10分钟就到下班时间了。

正当陈菲在思考周末干些什么的时候，一个平时很谈得来的同事皮特一脸焦急地走了过来，“这真是一份该死的报告，陈菲，麻烦你能不能帮我看看这里的数据该怎么办?”说着便递给陈菲一份空缺大批数据的文件。

接过文件简单地看了一眼后，陈菲很热心地建议道：“伙计，这些数据都在王丽那里，你抓紧时间去找她要数据吧，否则这个周末可要在加班当中度过了。”说完陈菲耸耸肩把文件递给同事，谁知同事并没有接过去，而是难为情地提出了一个有些过分的请求：“我还有一个报告在下班前必须完成，你能帮我去王丽那儿找份数据吗？我知道你是个热心的好人，拜托了。”说完他便转身离去。

陈菲站起身喊住了同事，面带微笑地说：“这件事我实在不能帮忙，这是你的工作职责，伙计。我没办法代替你去工作，希望你理解。"面对陈菲的拒绝，同事没有说什么，但明显十分不高兴，他随手扯过陈菲递过来的文件，闷闷不乐地离开了。

尽管这次拒绝引起了同事的不快，但陈菲并不后悔自己的决定。倘若这一次答应了帮忙，那么每当工作上遇到困难，皮特肯定会习惯性地找她帮忙，到时候再拒绝岂不是更伤人？这次给皮特写报告了，那其他同事请自己帮忙做报表，又该怎么办？拒绝吧，帮皮特不帮其他同事，难免得罪人；帮忙吧，自己肯定要牺牲不少时间和精力，实在是费力不讨好。

拒绝他人是一门艺术，女人一定要清楚什么时候该拒绝，拒绝的话怎么说更动听。俗话说得好"买卖不成仁义在"，同样的道理，帮不了忙交情还在，大家抬头不见低头见，今天帮不了别人，拒绝了别人，并不意味着背叛别人，明天或许还有机会帮住别人。因此，千万要注意拒绝别人的方式方法。

总得说来，在拒绝之前，先要耐心地倾听，让别人感受到你的重视。当你认真听了对方的陈述，你可以针对他的实际情况，给他一些有效的建议，这也是某种程度上的帮助。另外，拒绝的决心要坚定，但态度需要温和，就像同样的苦药丸，你在外面裹上糖衣，就比较让人容易入口。最后，在拒绝别人的时候，千万不要忘了温柔诚恳地说声"真的很抱歉"。

5. 不要将拒绝后的不安认作是负罪感

当你拒绝他人之后，你的内心是否会有所不安、有所愧疚，感觉有一种负罪感？尤其是别人将你视为最后一根救命稻草时，你却拒绝了别人，你的脑海中会不会不断浮现出他绝望而落寞的神情，再想想以前他对你的帮助，于是，你的内心涌动着说不出的负罪感？

可以说，很多人不忍心拒绝别人，某种程度上都源于这种负罪感的折磨。因为害怕负罪，害怕内心不安，而忍痛答应别人，哪怕答应别人会违背自己的做人原则，也在所不惜。可结果呢？结果往往会给自己带来很多麻烦。

情人节那天，张茜打电话给男朋友说："今天公司有事，我要加班，晚上不能陪你过情人节了。"男朋友虽然不悦，但也能够理解，于是一个人在家看电视、吃快餐。

几天后，男朋友从一位朋友那里得知，自己的女友张茜在情人节的那天晚上，和一个男子进入了一家餐厅，共进晚餐。男朋友非常愤怒，他找到张茜问明情况，张茜见东窗事发，只好和盘托出。

张茜说，那天和她共进晚餐的男子是她的前男友，由于他在感情方面受到了挫折，心情很不好，所以约张茜出来吃饭，陪他聊聊天。当初分手是张茜提出来的，所以，张茜对前男友心存愧疚，便没有拒绝他的要求。为了不让现任男友吃醋，只好借口在公司加班。

张茜对前男友心存愧疚，不忍心拒绝，结果做出了伤害现任男友的事情。如果因此闹得感情不合，那岂不是捡了芝麻，丢了西瓜？生活中，不少女人都有张茜同样的毛病，总觉得拒绝别人是一种罪过，一旦拒绝了别人，就会心中不安，唯有答应别人，才能平复自己的内心。殊不知，这是非常愚蠢的做法。

有个女孩子，长得漂亮，性情温柔，秀外慧中，因此，她的身边不乏追求者。在众多的追求者中，有一位男子是最殷勤的，他追求了女孩三年，依然不气馁，三年中，他送给女孩的礼物不计其数。一直以来，女孩对这个男子没有拒绝，也不曾答应，而是保持着一种朋友关系，虽然她知道男子对他的心意，但就是不捅破最后一道窗户纸。正因为如此，男子才会锲而不舍地追求。

后来，女孩遇到了自己的真命天子，很快就被对方吸引过去了，而那个追求她三年的男子，很快就被她抛诸脑后。但是那个男子没有死心，依然不间断地约她。每次接到邀约时，女孩都不忍心拒绝，因为她觉得对方在自己身上花费了三年时间，如果再拒绝他的邀约，那将是一种罪过。就这样，女孩有自己的男朋友，却隔三差五地和那个男孩约会。最后，她的男朋友得知这件事，结果，一段美好的爱情陨落了。

从心理层面去分析，拒绝别人之后会产生负罪感，本质上是想取悦别人。正是因为希望周围的人快乐，才会尽力去满足他们的要求。倘若不满足别人，就觉得是自己的错，愧疚感便油然而生。殊不知，这是过分看重自己的表现，而实际上，谁有办法让周围的人都快乐，都满意呢？你又不是神仙，你不是上帝，怎么可能让周围的人都满意呢？

有时候，拒绝别人是面对现实的表现，因为自己有多大的能耐，想必大多数人都清楚。拒绝别人也是尊重他人的表现，因为自己不能帮忙，如实地告诉对方，让对方去想更好的办法，去寻找有能力帮忙的人，可以避免错过解决问题的最佳时机。反之，你明明能力不够，却为了不伤别人的面子而答应别人，结果，你迟迟无法帮助别人解决问题，而对方把所有的希望都放在你身上，最后，留给对方的只能是失望，甚至对方觉得你在欺骗他。

所以，女人们，请你一定要记住一个原则：别人有求于你，如果你做得到，并且愿意做，那就去做。如果你心有余而力不足，请你拒绝对方，这不是亏欠。要知道，拒绝不是罪过，成全也不是美德。是拒绝，还是成全，要问自己的内心，如果真的不能答应，真的想拒绝，那就不要犹豫，赶紧说出“不”字，把一切麻烦关在门外吧！

6. 不要担心拒绝会令对方产生不快

在人际交往中，每个人都希望周围的人开心一些。当别人有求于我们时，我们也会尽力帮忙，这样不仅会融洽人际关系，还能加深朋友感情，也为今后获得别人的帮助打下基础。然而，有些时候，有些请求是我们力不从心的，或是我们主观不愿意的，这个时候该拒绝还得拒绝，千万别怕我们拒绝了别人，弄得别人不愉快。

有一位女子结婚之后，就一门心思地扑在家里，是一个非常贤淑的老婆。一个周末，几个同事邀请她去逛街，由于她要在家照顾孩子和老人，因此没法抽身，于是她只好对同事们说："其实我很想和你们去逛街，可我家里上有老，下有小，我实在抽不出时间啊！"同事们听了之后，对她的拒绝表示理解，也就不再勉强了。

看一看，拒绝别人是多么寻常的事情，有什么难以启齿的呢？干嘛担心别人不快呢？要知道，有时候别人邀请你干什么，你答应与否，并不会影响他们的计划，因此，即使被你拒绝了，他们也犯不着不快。所以，你没必要担心。

拒绝是一种坦诚，相对于那些明明心中不愿意，却不好意思拒绝，答应别人之后，又不尽力帮忙，或答应了别人的邀请，却在活动中心不在焉的行为，坦诚地拒绝往往更容易让人接受。

拒绝是一种风度，还是一种骨气。对于女人来说，与其低三下四地讨好别人，谄媚别人，被人牵着鼻子走，不如有原则地活着，在该拒绝的时候勇敢地说"不"，展现出内在的不卑不亢，展现自己的骨气，这往往会令人刮目相看，给人留下更好的印象。

李妍是一家大型医药公司的营销人员，人长得漂亮，工作又敬业，能力还很突出，深得公司领导和同事们的赏识。与李妍打过交道的人都知道，她是一个做事很有原则的人，对于不符合她办事原则的事情，无论你怎么求她，她都不会妥协，不会答应你。但对于原则之内的事情，她往往会热情地帮忙。因此，虽然她拒绝过不少人，包括一些重要的客户，但是大家对她没有什么反感，相反，大家都愿意与她打交道。

有一次，李妍碰到了一个国外的大客户。由于双方的文化背景、思维方式、公司的运作方式不同，谈判很快陷入了僵局。面对对方提出的过分要求，李妍当机立断地予以了拒绝，她一遍又一遍地研究对方的资料，总结对方公司的弱点，给谈判积累了很多有利的信息。

在接下来的谈判中，面对客户讨价还价的行为，李妍表现得不卑不亢。一方面，她针对对方的软肋公关，打消了对方的嚣张气焰。另一方面，她用自己的真诚感化对方，打了一巴掌，又给了一个甜枣儿，让对方心服口服。最后，李妍顺利拿下了这个客户，为公司签订了一个超级大单。

谈判成功后，顶头上司特意为李妍举办庆功宴，李妍欣然接受了。从这之后，上司多次以李妍工作出色为由邀请她，比如，请她吃饭，打保龄球，邀请她出去度假等，这个时候李妍感觉到了不对劲，于是拒绝了上司。被拒绝几次之后，上司知难而退了，不仅没有给李妍“难看”，反而对她多了几分敬重。

看到了没？女人还是要不卑不亢地活着，该拒绝的时候绝不嘴软，不给别人牵制你的机会。无论是与客户打交道，还是与上司和同事交往，抑或是与朋友相处，女人都要有自己的原则。什么时候该拒绝，什么时候不该拒绝，心中应该有一个自己的信条。这样才能更好地展现自己的成熟矜持和个人尊严，从而赢得别人的敬重，树立良好的个人形象。

当然，拒绝不等于无情无义，不等于不留情面，不等于骄傲自大。女人心思细腻，性格温柔，说“不”的时候，也应该温柔一些，但温柔之中要有坚定之心，不答应就是不答应，这样才能得到他人的青睐与尊重。

美国的阿特金森曾经说过这样一句话："如果不能掌握自己的生活，就会被他人控制。"要想掌控自己的生活，那么就要学会说"不"。学会说"不"，就不要担心会令别人产生不快。这是你首先必须有的意识，然后，再学习一些幽默的拒绝艺术，就能很好地回绝他人了。在这方面，我们不妨看几个幽默拒绝的例子：

罗西尼是意大利著名的音乐家，他出生于1792年2月29日，这一年正好是闰年。由于每四年才有一个闰年，因此，他过的生日比我们都少。当他过了第18个生日时，已经72岁了。有一次，一些朋友告诉他，他们收集了2万法郎，准备给他建立一座纪念碑。他听了之后说："给我这笔钱，让我站在那里好了。"

罗西尼的话意很明白，他在拒绝朋友们的做法，含蓄地指出了朋友们的奢侈。这样既保护了朋友们的自尊心，又不打击他们的一番好意，在不知不觉间拒绝了朋友。

在一次聚会上，一位演技很好、姿色出众的女演员与爱尔兰剧作家萧伯纳相遇。这位女演员平时生活在众星捧月的环境中，多少有些傲气，总以为自己应该嫁给天下最优秀的男人。见到萧伯纳之后，她自信十足，用低调迷人的嗓音对萧伯纳说："如果以我的美貌，加上你的天才，生下一个孩子，一定是人类最最优秀的了！"

面对女演员的求婚建议，萧伯纳微微一笑，不急不忙地答道："对极了，但如果孩子长大后，相貌像我，头脑像你怎么办呢？"女演员听了这话，愣了一下，然后明白了萧伯纳的拒绝之意。她不仅没有记恨萧伯纳，后来他们反而成了很要好的朋友。

还有一次，一位读者打电话给萧伯纳，说想用他的名字给他的宠物狗命名，问他是否答应。萧伯纳笑着说："我倒是无所谓，关键是，你是否应该提前跟你的狗狗商量一下？"表面上看，萧伯纳没有拒绝对方的请求，但实际上，他已经委婉地拒绝了对方。

从罗西尼和萧伯纳拒绝他人的例子中，我们可以看到：拒绝他人不一定非要粗暴、绝情，完全可以用幽默、假设等方式巧妙地拒绝，既制造了欢声笑语，又让人无法得逞，更不会令人不快，这不是一箭三雕吗？

7. 再熟悉的朋友，女人也要学会说“不”

人活在世上，总会遇到一些为难的事情，总会有些同窗好友、同事朋友，相处的日子久了，自然有求于彼此，如果我们能办到的话应尽最大的努力去办，假若朋友提出的某些要求过分，不是我们个人力所能及的，就出现了要拒绝他人的问题。如果一口回绝别人，特别是亲戚朋友的一些要求确实是不近人情、没有人情味，因此处理这类问题时，我们往往感到很棘手，不知道该如何开口拒绝，明知道一些事情办不成，可又怕伤害了朋友之间的友谊。

所以当需要做“不”的决定时我们往往就会变得犹豫不决；当需要大声地说“不”时却沉默不语。对家人、朋友更是难以开口说“不”，为了使他们满意而满足他们的每一个请求，最终使自己琐事缠身，很少有属于自己的时间，学习、工作、生活一团糟。

很多人都抱怨生活中有太多的尴尬和无奈，造成这种尴尬和无奈的原因，很多就是因为我们不太会拒绝别人，不习惯说那个最难念的字：“不”。

秦桑并不是心理咨询师，可是在她身边，总有各种各样的朋友喜欢把自己的“隐私”说给她听。秦桑总是耐心地听着对方诉说，时不时还会因为对方的不幸遭遇而落下几滴眼泪。长期处于各种负面情绪困扰的秦桑终于承受不住这份压力了。

朋友之间的聊天，不外乎最近都有些什么活动和见闻之类的话题。而秦桑却成了公认的被倾诉者。一旦哪位好姐妹在感情上遭遇了挫折，她们都会把秦桑约出来，整整一个下午都哭诉自己的不幸。其实，她们都知道，秦桑并不能帮她们解决所有的问题，只是她们需要倾诉，需要把负面情绪释放出来。

如果说聊天的内容正常一点也就罢了，可是每每随着话题的深入，秦桑就会逐渐发现一些自己没有办法控制的事情。就在前几天，小李还在向她说怀疑自己的老公在外面有外遇，而红红整天都向秦桑抱怨公司的待遇不好，董晴则是哭哭啼啼地告诉秦桑她又和男朋友分手了。秦桑从早晨一睁眼，就开始被别人这些杂七杂八的事情困扰着，以至于自己在工作的时候都无法把心思用在正常事务之上。

每次聊天结束之后，秦桑的朋友们全都像是获得了新生一般，她们的痛苦和委屈确实得到了发泄，而对于秦桑来说，本来好好的一个周末下午，却被无缘无故地笼罩上一层阴云。

有时候秦桑也不得不感叹，“知心姐姐”可真不容易当啊！而她还没有意识到自己其实已经处于一种危急状态之中了。

随着时间的流逝，姐妹们曾经对秦桑说过的话给她造成了潜移默化的影响。每次见到上司时，她总会想起红红说的那些话；见到董晴的前男友，秦桑的心中则会事先树起一条警戒线。最近，秦桑不但在工作上频繁失误，而且连家庭关系都开始变得紧张。直到有一天秦桑才恍然大悟，原来自己的正常生活已经完全被打乱了。

秦桑并没有觉察到，自己在倾听别人的诉说时，诸多的负面、消极情绪逐渐渗透到了自己的生活之中。到头来，自己不但无法帮朋友们解决实际问题，还让自身陷进了悲观情绪的影响之中。此时的秦桑，已经成为他人无节制的倾诉对象。

如何避免我们自己也变成“秦桑”呢？那就要学会对熟人让自己做

的那些既浪费时间又没有实际作用的事情说“不”。学会说“不”、懂得说“不”是一门重要的艺术，是作为“社会人”应具有的一项重要能力。我们需要学会用“不”的智慧保护自己，用“不”的力量说服别人，用“不”的方法正确决策，用“不”的秘诀改变人生。

或许有人说，朋友之间，有人遇到困难，我们理应伸出援手给予帮助。帮朋友的忙本无可厚非，但是要分清帮什么忙，不是所有的忙我们都能帮，也不是所有的忙我们都应该去帮。要让朋友明白，你有自己的事情，有自己的主意，有自己的坚持。不要因为朋友恳求的眼神、鼓动的语气，就放弃自己的初衷，就改变了自己的意见。勉强地答应别人可能会让你琐事缠身，焦头烂额，甚至是筋疲力尽，烦恼懊悔。

所以不要在需要说“不”的时候，就犹豫不决，就沉默不语，就理亏脸红。一定要说得理直气壮，坦坦荡荡，自信飞扬。坦诚交友，进退有度，有自己心里的原则和底线，明确自己的思想和立场。

其实，当你的能力有限，无法帮助别人时，千万不要勉强，你应该毫不犹豫地学会说“不”，学会拒绝。说“不”不是不近人情，不是自私冷酷。只要你真诚地道出你的苦衷你的原则，必能获得朋友的谅解，得到对方的尊重。因此，从现在起，请学着对别人说“不”吧！大声地说出来：“我不喜欢，我不想，我不!”

第六章 郑重、果断的7种拒绝技巧

对于女人来讲，学会了拒绝就等于学会了生存。聪明的女人在生活中要善于拒绝，还要讲究拒绝的技巧。生硬的拒绝不利于人际交往，女人拒绝他人时，一定要考虑到对方的自尊心，照顾对方的情绪。需要含蓄隐约的时候，绝不开门见山；需要推托其辞的时候，绝不硬着头皮接下。掌握委婉拒绝的艺术，不仅可以使自己进退自如，还能让对方免受尴尬之苦。

1. 开门见山，直接拒绝

生活中，难免会遇到这样的情况，亲戚朋友、老乡同学、同事领导会向你提出请求，让你帮个忙。有些请求你做得到，你也愿意帮忙，而有些请求则不合理，你也无能为力，这个时候你就该学会拒绝了。

有些人总是担心拒绝别人之后，会令别人不高兴，甚至会影响到今后的双方交往，无奈只好硬着头皮。其实，真的没必要这样为难自己。想拒绝就说出来，拒绝的最常用技巧就是开门见山，直截了当地说："真的很抱歉，我实在无能为力！""对不起，我没有时间，太忙了。"

同样是直接拒绝的话，该怎样表达出来呢？我们不妨来举个很简单的例子：

有一天，你和闺蜜在电影院看电影，前面有一对情侣在大声地讨论剧情，妨碍了你看电影。这个时候，到了你该说"不"的时候了。如果你怒气冲天地冲那对情侣吼道："说什么说，吵死了，别影响大家看电影了。"这样固然可以制止对方讲话，但却会让对方很没面子，从而引起对方的不快，甚至还会激起对方的敌对情绪，对方故意大声讲话，就是不配合你。

很显然，这种直接拒绝法不太奏效。那么，最佳的拒绝话术应该是怎样的呢？你可以这样说："对不起，我听不清电影在讲什么！"由于你讲的是自己的感受，而没有任何怪责别人的意思，对方一般都很容易接受。这种直接拒绝的话术很有礼貌，照顾了别人的情绪，考虑了别人的自尊，不容易激起别人的顶撞，更有利于人际交往。

同样的道理，面对别人的请求时，你在直接拒绝别人时，也需要注意礼貌。你可以在认真倾听别人的要求后，温和地拒绝。比如，有个朋友让你把他介绍到公司去，你不想帮忙，这个时候你可以说：“我也很想帮你，可是这样做不合公司的规定，我真的办不到。”说这话的时候，声音尽量温和一些，更容易让人接受。

再比如，一位朋友向你借钱买东西，但是他经常借钱不还，是个十足的无赖，这个时候如果你对他说：“你这个不讲信用的家伙，谁会借钱给你，你还欠我钱没还呢！”这话一出口，无异于和他撕破脸，以后没法交往了。虽然这样也是直接拒绝，但是太伤人了。你不妨换一种方式来表达，你可以对他说：“真不好意思，我身上只带了一些零钱，等会儿还要买菜，真的没法借给你。”或者对他说：“真对不起，今天我带的钱刚好有急用。”

学会礼貌地、直接地拒绝别人，你就掌握了生活的主动权，你就学会了生活，你就会获得更加轻松。既不担心与人接近，又不害怕他人不快，你的行为就会超乎自然。总的来说，在运用直接拒绝法的时候，有几点是要注意的：

（1）不要急着拒绝

有时候，对方的请求才说一半，你就有了拒绝的意思，这个时候，你千万不要急着拒绝。试着耐心地听，表现出重视的样子，也给自己一个组织拒绝语言的时间。甚至在对方说完请求后，你还要装作认真思考的样子，然后再拒绝对方。如果你立刻拒绝对方，会让人觉得你冷漠无情，甚至觉得你对他有成见。

（2）记得陈述理由

在直接拒绝别人的时候，别忘了陈述你的理由，让别人理解你的苦衷，表达一种爱莫能助的心情。通常，你所陈述的理由应该想办法赢得对方的认同，这样才有说服力。比如，有个朋友找你借钱，你没办法帮忙，这个时候你可以告诉他："我不久前刚买车，现在每个月还车贷呢！真的没钱借给你。"如果你不想帮忙，你可以编个理由："真不巧，半个月之前，我刚借给我弟弟5万元，现在手头真没钱。"

（3）保持礼貌的态度

礼多人不怪，懂礼貌的人是不会吃亏的，在拒绝别人的时候，更要以礼相待，比如说："对不起，让您失望了！""很抱歉，我实在不能……""请您原谅……"这些话是不可少的。没有它们，会使你显得高傲和不近人情。

有时候，别人不是请你帮忙，而是热情地邀请你参加活动，甚至赠送礼物给你。这个时候，你如果拒绝别人，同样需要注意礼貌。比如，对方邀请你去他家里做客，而你出于某种原因，需要谢绝，这时候别忘了表达感谢："谢谢你的好意，这次真的去不了，因为我抽不出时间。"这样拒绝别人，别人仍会觉得你是个通情达理的人。

2. 含蓄隐约，委婉拒绝

与直接拒绝相比，委婉拒绝更容易被人接受。因为它在更大程度上，照顾了被拒绝者的尊严，使人知难而退。曾经有人想让庄子去做官，庄子并没有直接拒绝，而是打了一个有趣的比方，他对那个人说："你见过太庙里被当做供品的牛马吗？当它尚未被宰杀时，披着华丽的布料，吃着最好的饲料，的确风光，但一到了太庙，被宰杀成为牲品，再想自由自在地生活着，可能吗？"

庄子的话是什么意思呢？具体什么意思其实不重要，重要的是他委婉地拒绝了劝他做官的人。这种委婉的拒绝艺术，不仅使自己进退自如，还能给足对方面子，给对方打好台阶，使交际双方避免受尴尬之苦。

有一次，有一位美国女士来到中国，打电话给钱锺书先生，说很想拜访他，因为读了他的著作《围城》，特别崇拜他。钱锺书先生为人一向低调，于是就在电话里委婉地拒绝道：“假如你吃了一个鸡蛋，你觉得味道不错，又何必一定要见那只下蛋的母鸡呢？”

在这里，钱锺书先生用一个幽默的比方，委婉地拒绝了那位美国粉丝的请求，既维护了对方的自尊，又避免了不必要的麻烦。这种拒绝法十分巧妙，它比直接拒绝更有效，且不容易伤和气。

委婉拒绝法的具体运用，有很多细小的技巧，除了像庄子和钱锺书那样打比方、做比喻，还可以引用名人名言、俗语谚语等来作答，以表达委婉拒绝的意思，或辅佐自己的观点，这样的好处也很明显，那就是增加话语的可信度与说服力，又省去了许多解释和说明，还能增添口语的生动性和感染力。

有一次，汉光武帝刘秀得知自己的姐姐——湖阳公主在丈夫死去之后，看中了品貌兼优的宋弘，于是便特意召见宋弘，以言相探：“俗话说，人地位高了，就改换自己结交的朋友；人富贵了，就改换自己的妻子，这是人之常情吗？”

宋弘知道刘秀问话的意思，如果答应改换妻子，有悖于自己的人品，也对不起贫贱相扶的妻子；如果含糊其辞，可能会招来麻烦；如果直接拒绝，又担心冒犯龙颜，所以，一番思虑之后，宋弘答道：“我听说‘患难之交不可忘，糟糠之妻不下堂（意思是，共同患过难的朋友不能忘记，贫贱相扶的妻子不可抛弃）。”

宋弘的回答是聪明的，他用含蓄隐约的意思，表达了委婉拒绝的态度，这既符合自己一贯的做人处世原则，又不至于惹怒龙颜，可谓两全其美。

女人本来就充满柔性，如果再能运用委婉拒绝法，那么就如一股暖流，悄然间打开他人的心扉，让人即使遭遇拒绝，也不忍心生气。值得一提的是，与直接拒绝法一样，委婉拒绝法也要注意一个问题，那就是不要立即拒绝，试着思考一番再作答，显得你更有诚意。

有一位女员工找到车间主任，要求调换工种，车间主任心里明白调不过来，但他没有马上拒绝，而是说："这个问题涉及到好几个人，我一个人决定不了，我把你的想法汇报上去，然后和领导讨论一下，过几天再答复你，好吗?"几天之后，车间主任找到那位女员工，露出无奈的表情说："哎，真的很抱歉，公司领导们商量了，不能同意你的请求。"

事实上，当车间主任说要和领导们商量时，已经是在委婉地拒绝了。只不过，这种拒绝方式不会让女员工立即接受失望的结果，让她的心里有一个缓冲和过渡的阶段，这样比当场回绝的效果好得多，对方更容易接受。

在一般情况下，当别人向你提出请求后，为了不伤害对方的颜面，你最好不要立即拒绝，不妨委婉地说："让我考虑一下……"这样既能给你赢得考虑如何答复的时间，又给对方一种很认真的态度，这是一种比较巧妙的委婉拒绝法。

一家汽车公司的女销售员在接待一位大买主的时候，这位买主突然提出看该汽车公司的成本分析数字。这在汽车行业，可是一个忌讳，属于公司的绝密资料，不能给外人看。可是如果直接拒绝，可能会让客户觉得没面子，甚至会逼走大买主。聪明的女销售员委婉地说："这个……好吧，下次有机会我给你看!"然后，她立即转移话题，和买主聊其他的，买主听后，明白了女销售员的拒绝之意。

含蓄委婉的拒绝，最终的目的无非是减轻双方，尤其是被拒绝一方的心理负担，这并非玩弄技巧来捉弄对方。因此，在委婉拒绝对方的时候，一定要保持真诚的态度，特别是领导拒绝下属的时候，或长辈拒绝晚辈的时候，更不能盛气凌人，而要以同情心、关切的口吻讲述理由。在结束交谈时，最好热情握手，表示歉意，这样会让人对你产生更好的印象。

3. 献可替否，转移重心

有一个成语叫“献可替否”，意思是建议可行的方法，废止不可行的方法。女人在面对他人的请求时，也可以采取献可替否的方法来拒绝别人。举个很简单的例子，有人请你明天借车给他，你明天正好要用车，没法答应他，那你可以说：“明天不行，要不后天吧！”表面上拒绝了人家，实际上还是答应了，只不过，你答应借车给人家的时间改变了，换在了你方便的时候。

事实上，献可替否拒绝法，本质上并不是拒绝，它不过是拒绝了别人的请求，但是你又以另一种方式给予对方帮助。因为一般人都有一种补偿心理，如果你想的办法不是很理想，如果你给予别人的帮助不能完全解决对方的困难，但是你已经尽力了，你就会感到满足，这在一定程度上会减少你内心的不安感。当然，如果你提供的办法帮助别人圆满地解决了问题，那么别人会感到满足，你会感到更加满足。

王琳和李丽是好朋友。一天，王琳找到李丽，请她帮个忙，因为她上班的时候被领导性骚扰了，她想找李丽一起，去报复一下领导。怎么报复呢？王琳买了一把很锋利的刀子，准备将领导的车胎扎破，将领导的车划掉。

李丽了解事情原委后，心中很明白：尽管那个领导不是好东西，应该受到惩罚，但如果感情用事，去故意损害他的车子，那是不道德的，也是触犯法律的。因此，她不想答应王琳，但也不想拒绝她。于是，她脑瓜子一转，想了一个办法。

“要不这样吧，你明天上班的时候，记得把手机开成视频录制，偷偷放在你的办公桌的某个角落，如果你的领导来骚扰你，就会录下他不良的罪证，到时候，你拿着视频，直接找老板讨说法，甚至可以直接起诉你的领导，告他性骚扰，这种方式更能惩罚他，你觉得怎么样？”

王琳想了想，说：“这个办法很好，如果他的行为被录下来，我要让他直接丢掉饭碗，那我明天试一试！”

在这个例子中，李丽听了王琳的请求，并没有感情用事地答应，更没有毫不留情地拒绝，而是采取了献可替否的办法，给王琳献上一计，这个计策既避免了王琳用违法的方式报复领导，又可以更好地维护王琳的权利，从而使问题得到圆满的解决。假如李丽不这样做，而是满口答应帮助王琳去报复，一旦被抓就可能会发生悲剧，到头来吃亏的还是自己。

献可替否的拒绝法相对于任何一种拒绝方法，都显得人情味十足，它给人的感觉就是：虽然你没法帮助我，但是你却在支持我、关心我、重视我。因此，总能给人温暖的感觉。尤其是在他人遇到困境时，急需帮助的时候，你虽然无法把别人从困境中拉出来，但是你站在不远处陪着他、安慰他、鼓励他，同样能带给对方力量。著名影星吴孟达身上就有过类似的经历。

吴孟达曾在湖南卫视《背后的故事》节目中，讲述了自己曾经走过的人生。当主持人问他“这些年，最让你感动、最令你难忘的是什么”时，吴孟达说：“是周润发对我的帮助，他曾经善意的拒绝，改变了我的人生轨迹。”周润发怎么拒绝吴孟达的呢？

原来，当年的吴孟达刚从无线电视艺员训练班毕业时，仗着自己有点小聪明，不认真拍戏，经常不守时。在《楚留香传奇》中扮演胡铁花之后，自认为这是一个有分量的角色，就沾沾自喜，于是更加放纵自己。由于整天花天酒地，豪赌狂输，没过多久竟然欠下了30多万元港币的债务。香港无线电视台向来重视演员的形象，见吴孟达如此放纵，决定不再请他拍戏。

失去拍戏机会的吴孟达走投无路，不得不向好朋友周润发求助，当他提出借30万港币救急时，周润发断然拒绝了。吴孟达没想到，连好朋友都不肯帮自己，顿时感到心灰意冷，甚至有了轻生的念头。

然而，就在这时无线电视台突然请他继续去拍戏，这让吴孟达看到了一线生机。从此以后，他十分珍惜来之不易的拍戏机会，每扮演一个角色，他都十分投入。渐渐地，他开始小有名气，请他拍戏的公司也越来越多。经过不懈的努力，吴孟达仅用三年时间，便还清了所有的债务。在接下来的时间里，他还阅读了大量表演类的书籍，演技有了质的飞跃，最终他在演艺事业上赢得了“黄金配角”的美誉。

为什么不久前不再请他拍戏的无线电视台，突然又改变决定了呢？吴孟达当时怎么也想不通，多年之后，他从朋友那里得知，原来是周润发的帮助，才使得无线电视台再次请他回去拍戏的。直到这时，他才明白了周润发的良苦用心。

试想一下，如果当时周润发拿出30万港币借给吴孟达，或许吴孟达还会继续拿去赌掉，根本无法帮他改变自己。幸亏周润发采取献可替否的办法，为吴孟达找到了一个改变人生的更好途径。

周润发采用献可替否的办法拒绝吴孟达的故事令人感动，让我们看到了真正的朋友之间真正的帮助是什么。也让我们意识到，有时候他人所求助的并非他真正需要的，也并非真正能帮助他的。这个时候，我们就可以采取献可替否的办法，帮他人找到最佳的解决问题的途径。当然，如果我们能力有限，也可以适当地帮助对方，表达我们的诚意，这同样可以打动他人。

4. 推托其辞，含糊回避

在拒绝他人的各种方法中，有一种方法是最不“厚道”的，那就是敷衍拒绝法。为什么说它不厚道呢？因为它含糊其辞，模糊回应，无限拖延，让人非常不爽。试想一下，如果你让人还钱，对方却说：“过几天就还。”“等我有了一定还你。”你会不会很恼火呢？因为过几天是个模糊的概念，到底过几天呢？等有钱了一定还，可什么时候才有钱呢？

虽然被人用敷衍法拒绝的自慰是不好受的，但有时候面对他人的请求时，我们又不得不采取敷衍拒绝法回应别人。没办法，我们也是为了自我保护，所以，该运用此法时还需用。那么，什么时候适合采用敷衍拒绝法呢？

一般来说，在不便明言回绝的情况下，适合采取敷衍拒绝法。这种方法如果运用得好，也可以取得良好的拒绝效果。比如，有一次，庄子向监河侯借贷，监河侯敷衍道：“好！再过一段时间，等我去收租，收齐了，就借你300两金子。”

监河侯采用的就是敷衍拒绝法，他的拒绝很有水平，不说不借，也不说马上借，而是说过一段时间，等收租了再借。这句含糊的话包含了三层意思：一是目前我没有，当下不能借给你；二是我也不是富人，我要去收租；三是过一段时间不确定，到时候借不借再说。

庄子听了这话，心里很明白对方在拒绝自己，但也不会怨恨什么。因为监河侯并没有说不借给他，只是过一段时间再借，还是有希望的。

一般来说，敷衍拒绝法具体可以分为以下几种形式：

（1）推脱其辞

在不便明说的情况下，推托其辞是比较明智的策略。比如，有人请你办事，假如你是领导之一，你可以说：“这件事我做不了主，我们单位是集体领导，像你这种事，要大家讨论才能做决定，不过，你这件事恐怕很难通过，你还是别抱太大的希望，如果你坚持的话，那要等大家讨论之后再做决策，我一个人说话不算数。”

这就是典型的推托其辞，把矛盾引向其他的地方，意思是：不是我不帮你办，而是我办不了。听了这样的话，一般人都会打退堂鼓，会说：“既然这样，那就算了，我也不难为你了，以后再说吧！”

（2）转移话题

转移话题，答非所问，揣着明白装糊涂，这也是典型的敷衍拒绝法的一种形式。比如，甲对乙说：“这件事你能不能帮帮忙？”乙却说：“真不好意思，我明天要去出差。”乙没有针对甲的提问做出回答，而是转移话题，将话题从对方的求助转移到与之无关的出差上。难道乙没听清甲在说什么？当然不是，乙这是在故意转移话题，表达拒绝之意。

转移话题的敷衍方式，也有这样的特点：它既不说“是”，也不说“否”，只是搁置此时，转而议论其他事。比如，有位推销员挨家挨户地推销闹钟，当他叩开一位主人的家门时，他说：“尊敬的女主人，您应该买一个闹钟，这样早上它就可以叫你起床了。”女主人回答说：“我的丈夫每天都会叫我起床。”这位女主人就是采取转移话题的办法拒绝推销员。

（3）含糊其辞

含糊其辞，很好理解，就是不说一个确切的数额或时间，比如，朋友找你借钱，你可以对他说：“现在真的没钱，过段时间我借一些给你。”过段时间是什么时候、借一些是借多少，这个你都没有说明，是很含糊的概念。对方如果是聪明人，一定会听出你话里的意思，而不会强人所难了。

（4）拖延时间

还有一种敷衍拒绝法的形式是通过拖延时间来表达拒绝。比如，当别人向你提出请求时，如果你能做到，你可以答应别人，如果你做不到，或你不想帮忙，你可以对他说："嗯，让我想想办法吧，能不能办成，我都会尽快给你一个回音，你看怎么样？"过了两天，你可以给对方打个电话，告诉对方一声："真的很抱歉，我试过了，没办法帮你。"这样至少表明你尽力了。

拖延时间的另一种方式是，一而再再而三地把时间往后推。比如，有人邀请你去他家玩，或要求你请客吃饭，而你不想这么做，你可以说："要不过几天吧，这几天比较忙！"过几天了，对方又重提此事，你又说："再等等，着什么急吗？过几天闲下来再请你吃饭。"这样拖延几次之后，对方肯定会知趣地不再提此事了。

5. 截断提问，曲解其意

在人际交往中，有些求人的话一旦说出口，就很容易将求人者和被求者带入尴尬的境地。为了避免尴尬产生，最好的办法就是提前截住对方的提问，让对方把求助的意愿烂在肚子里，这样你就不用担心拒绝伤人了。

人们常说："朋友勿谈钱，谈钱伤感情。"我们就以借钱为例，来说明如何截住别人的求助。一般来说，朋友之间，谁有困难了，你我大概都清楚。这一天，你的一位朋友上门拜访，昨天你刚听说他去了某个朋友家借钱，今天来到你家，想必也是来找你借钱的。趁着他还没开口，你不妨做好心理准备。

朋友进屋之后，没等他开口，你可以对他说：“看你好像有心事啊，怎么了？有事你尽管说，除了借钱之外，有什么我能办到的，我一定全力相助。”此话一出，朋友也没辙了，他原本是来借钱的，你都说了除了借钱，他也不好开口，只好寒暄几句便离开。

这就叫截住对方的请求，让对方把求助烂在肚子里。当然了，采用这种拒绝法有一个前提，那就是你真的爱莫能助，或者你不想帮对方。如果对方真是你的好朋友，当对方求助你的时候，你有能力帮忙，但却采用这种拒绝法，会让人家觉得你不够朋友。

再比如，有一天，你突然接到一个经常找你帮忙的朋友的电话，你心里很清楚，这个人没事不给你打电话，打电话必定是有事求助。当他开口问你“最近忙不忙”时，如果你回答“不忙”或“还行”。对方很可能马上转到正题上，求你帮忙了。因此，你最好回答：“忙啊，忙得团团转，休息的时间都没有，每天加班到凌晨，人都快累垮了。”对方听你这么说，自然不好意思劳烦你。这样就不存在拒绝一说，因为你采取提前声明的做法，让对方不好意思求助你。

截断对方的问话或请求，还表现为故意曲解对方的意思，甚至在对方话说一半的时候，你抢过话头，立即歪解，这也是一种很好的拒绝技巧。可能你会问，为什么要抢先回答呢？原因有两个：一是等对方把话全说出来时，就会泄漏某种秘密，那时就难以收拾了；二是当你听到对方全部问话再回答，就处于被动了。因此，当你意识到对方大概要说什么时，就要迅速作答，曲解对方的意思，该换话题，让对方明白你的拒绝之意。

有一对年轻人在一个单位工作，天长日久，男方对女方逐渐产生了爱慕之情。工作之余，男方有事没事就约女方出来吃饭、看电影、逛公园，话里话外隐约流露出了对女方的好感。女方明白男方的心意，但她只是把对方当成好朋友，不希望友情向爱情方面发展，她认为还是保持一种纯真的友情比较好。

一天，男方邀请女方吃饭，男方喝了几杯酒，就开始表白了。男方说："我想问问你，你是不是喜欢……？"

女方知道男方想问她"你是不是喜欢我"，于是立即抢答："当然喜欢啊，我非常喜欢你借给我的那本书，我已经在看第二遍了。"

男方："你看不出来我喜欢……"

女方知道男方想问她"你看不出来我喜欢你吗"，于是立即答道："我知道你也喜欢那本书，等我看完这遍，我们一起交流交流吧！"

男方："你有没有……"

女方知道，男方想问她有没有男朋友，于是立即答道："有哇，互相切磋嘛，相互学习，我早就有这个想法了。"

连续三个提问被女方截住，男方明白了女方的拒绝之意。从那以后，他再也不问了。

在这个案例中，女方截住男方的提问，曲解男方的意思，表达拒绝之意，远比当面拒绝对方的表白效果要好得多，如果真是当面拒绝，恐怕他们朋友都没得做了。

通过这个案例，我们可以更好地了解截断提问拒绝法。它要求拒绝者才思敏捷，口语技巧娴熟。因为，要想灵活地运用这种方法，首先，要摸准对方的心理，要达到"对方一张口，我就知道你想说什么"的境界；其次，要抢答得自然而恰当，比如，对方嘴里冒出"喜欢"两字，你就要由"喜欢人"转移到"喜欢物"，这样才能瞒过在场的其他听话者，避免当事者陷入尴尬。最后，抢答不是一句两句，有时候要连续几个回合，这样才能不露破绽。

6. 假借他物，无声拒绝

有些女人在面对他人的请求时，心中练习了N次该怎么拒绝，但就是没有勇气说出“不”字。这个时候，其实可以不说话，用沉默的姿态表达拒绝或不置可否的意思。沉默的时候，既是暗示对方你在拒绝他，也是在给自己预留思考的时间，思考：如果对方逼问，我到底该如何拒绝他？

说到沉默拒绝，你可能觉得只是不说话，默默地发呆。其实不是这样的，沉默的同时，可以做表现出丰富的肢体动作，比如，找个借口去厕所，摇头或把头偏向一边，摆手或双手外摊，这些肢体动作都可以表达拒绝的意思。

找个借口去厕所，去外面，是在回避对方的请求，也是给自己一个冷静思考的空间，更是暗示对方你在拒绝他。等你从厕所出来，或从外面进来，你完全可以重新谈论一个新的话题，把对方的请求抛之脑后，就像对方未曾说过一样。

摇头是什么意思？三岁小孩都明白，点头“YES”，摇头“NO”。当别人向你提出某个请求时，你没有吭声，而是轻微地摇头，或者干脆把头偏向一侧，很明显你在拒绝对方。对方稍有自知之明，就会知难而退。

摆手表示制止或否定，双手外摊表示无可奈何或拒绝。当别人向你提出请求时，你露出为难的表情，同时双手外摊，表示无可奈何。对方就会明白，你爱莫能助、无力相助，也就不会继续向你求助了。

一般来说，当别人的提问难以回答时，你可以暂时中止发言，一言不发。当他人的求助很棘手，你不妨以静制动，静观其变。这种不说“不”字的拒绝，所表达的意思是无可奉告、无力相助，常常会产生极强的心理上的震慑力。

在运用沉默拒绝法的时候，除了用肢体动作和面部表情表达拒绝之意外，还可以假借他物来表达拒绝。假借他物拒绝，一方面是转移对方的注意力，另一方面则是让对方感受一种无声的拒绝。

酒吧里有一位漂亮的女士，她很喜欢小狗。不少男士客人从她身边经过，都会多观察她几眼，有些男士甚至主动搭讪她，请她喝杯咖啡或啤酒什么的。但没有一个男士说动过她，因为每当话题扯到紧要关头，她就会沉默不语，同时把心爱的小狗抱在自己的膝盖上，和小狗交谈起来。所以，男士们始终得不到她的“是”。

这位女士运用的就是假借他物的沉默拒绝手法。女士在谈话中，把小狗放在自己的膝盖上，轻声与小狗交谈，其行为的潜意识是在告诉男士“我不想和你交谈了，我感兴趣的是狗，而不是你”。因此，虽然她嘴上没有拒绝男士，但实际上已经传达出了拒绝的意思。

最后，沉默拒绝法还有一种形式，那就是通过第三者传达拒绝之意。这样做是为了避免当面说出拒绝，让彼此面子上过不去。所以，干脆自己不说，让第三方传达拒绝之意。比如，当别人向你发出邀请，而你不好当面拒绝，或你觉得亲口拒绝不合适，这时你可以让朋友代你转达拒绝之意。等到事情过去之后，双方见面也就不觉得难为情了。

7. 防患未然，先知先觉

如果说，前面的6种拒绝方法都是亡羊补牢——在别人提出请求时，在表达拒绝的意思，那么，这一小节所讲的拒绝方法就是防患未然——在他人还未开口求助的时候，就率先嗅出对方的求助意图，迅速做出预警机制，将对方的求助挡在我们的耳朵之外。这样拒绝所造成的负面影响就会小得多。

我们知道，当一个人专心地工作时，如果突然被打扰，比如同事临时请求帮忙、上司临时安排任务、朋友的电话等，都会导致手头的工作突然中断。当停下手头的工作，去处理那些突发事件之后，再回过来做刚才做的事情，工作状态就会大受影响，工作效率就会难以保证。这些突发的打扰，无异于突然跑掉的羊，让我们不得不去寻找。

其实，突然而至的请求就像逃掉的羊，“亡羊补牢，为时已晚”，但我们不得“补牢”。就像手机已响，我们不得不接，或者同事的请求已经脱口而出，我们不得不找理由回绝一样。为了避免这些突然而至的事情打扰你，最好的办法就是提前做好防范。怎么防范呢？我们不妨先看一个案例：

何水林是个热心的年轻人，每当他人有事请求帮忙时，他总是积极地帮忙，而且尽力帮别人把事情办得妥妥当当。因此，进入公司以来，他的人际关系相当不错。但随着大家对何水林的认同感不断提升，找他帮忙的人也越来越多。

今天同事老周请何水林帮他打文件，明天隔壁部门的小李请何水林帮他修电脑，后天客服部的王经理又打电话过来，叫何水林去帮他整理报告……刚开始何水林几乎来者不拒，无论谁请他帮忙，他都会立即去办。

渐渐地，何水林发现自己忙得团团转，忙到下班的时候，自己的工作还没完成，而其他同事有说有笑，早就忙完了，等着下班。到了月底，他工作任务完不成，还受领导的批评。后来何水林意识到，再这样下去，工作时间得不到保证，工作业绩提不上来，早晚会被炒鱿鱼。于是他下定决心，一定要把精力用到工作上来。

可是习惯来帮助别人，别人也习惯了向他求助，怎样才能避免被人求助呢？何水林想了一个办法，每天上班时，就戴上耳机，关掉手机，拔掉电话线，QQ不登录，一门心思地扑在工作上。有时候周围的同事找他帮忙，他假装没听见，专心地做自己的事情，同事们也不好打扰。

当然了，总有那么几个厚脸皮的同事，见何水林那么忙，还去打扰。这个时候，何水林会直接告诉对方："我现在忙着呢，没时间，走不开，你自己想办法吧。"自从采取这种防范措施之后，何水林的工作时间得到了保证，工作效率大大提高，到了月底，他的工作任务早已超额完成。

何水林这种做法值得我们学习，他为了避免他人求助打扰自己，又为了避免不好意思拒绝别人，干脆采取"与世隔绝"的做法，沉浸在自己的工作状态当中，最大限度地保障了自己的工作时间。

除了何水林的防范方法，还有以下几种防范方法值得学习。

（1）玩蒸发

当别人求助于你时，你却提前消失了，比如，躲进厕所，跑到楼下，总之，在别人找你帮忙的时候，你消失掉了。这样就可以省去找借口拒绝、婉言拒绝等诸多麻烦，这就叫"眼不见心不烦"。所以，当你预感到有人找你帮忙，而你又很为难时，请立即选择消失。

（2）断联系

当别人找不到你时，肯定会给你打电话、发信息，如果你的手机是开机的，别人打来电话求助，而你事先知道此人找你必没好事，肯定是找你帮忙的，那你干脆别接电话。如果对方发信息给你，你也别回复了。过段时间再回复对方：“刚才手机不在身边，所以没接到你的电话，没及时看到你的信息。”当然，最好的断联系的方式就是直接关机，让求助你的人打不进你的电话，这样就省去了拒绝别人的麻烦。

（3）中途开溜

什么叫中途开溜呢？很好理解，那就是当别人请你帮忙时，你突然来句：“真的对不起，我要赶到公司去开会，刚才领导打电话催我了。”或者说：“真对不起，我要去接一个人，我的朋友在那里等我，我必须马上过去，有什么事我们回头再说。”过段时间再与对方碰面，对方的事情很可能已经办妥了，根本不需要麻烦你。

第七章 记住：自信、自立是女人最好的“妆容”

自信、自立是女人自强的前提。无论你长得漂不漂亮，你都要昂首挺胸地生活。牡丹虽美，但有人却嫌它张扬俗气；菊花虽雅，但有人却嫌它冷酷骄傲。只有自信、独立才是女人美丽与成功并存的秘密。女人要相信自己，不断地完善自己。独立地行走于世，并不是为了追求虚荣，更不是为了取悦与人，而是为了体现自己的价值，让自己在平凡中脱颖而出。

1. 独立的女人更迷人

男人喜欢美丽的女人。而美丽女人的必备因素，首要的应该是独立。独立的女人就像一道亮丽的风景，让男人佩服，让男人留恋，让男人翘首以盼。因为独立的女人可以活出个性，可以释放洒脱，可以尽情地展现自己的美。这些美是依赖成性的女人所不具备的美。

有些女人嘴上说：“我要独立，我要自立自强。”可是，她们或许并不清楚真正的独立，也许她们也算不上真正独立。其实，真正的独立应该包含三个方面：身体独立、经济独立、精神独立。

很难想象，一个身体不独立的女人，是怎样的一种生活状态，或许就像一只被线牵着的风筝，自己不能决定前进的方向，而要任人摆布。有这样一个例子：

霞霞和男朋友同居了，两人每天生活在一起，彼此没有自由的空间。她和闺蜜去逛街、旅游，男朋友都不放心，不断地电话追踪。后来霞霞和男朋友闹矛盾了，闹得很凶，闹了很久，霞霞没办法，竟然跪在地上，希望男友不要离开自己。结果，男朋友腻味了，还是毫不留恋地离开了。看到霞霞的遭遇，我们难免心生同情。

女人如果想快乐地生活，不受他人左右，不妨让自己更强硬些。因为你有身体独立的需要，你有追求自由的权利，除了你自己不想独立起来，否则，没有人能阻止你独立。

身体独立只是独立的第一步，第二步是经济独立。要想经济独立，你就必须有自己的工作，有自己的事业。也许你只是一名普通的公司职员，你的事业完全称不上轰轰烈烈，但是你可以每天过得很充实，每个月有自己劳动所得的一份薪水，这份薪水可以维持你的生活，维持你的所需。当然，如果这份薪水太少，不能满足你的需要，你要么节俭一点，要么努力一点，提高自己的能力，增加自己的价值，从而赚更多的薪水。

经济不独立的后果是很严重的，也许你的男朋友或丈夫对你说：“亲爱的，你不用上班，我养你。”也许他每个月会给你一笔钱，让你自由支配，但是你要记住，这并不是你的钱。如果哪一天你和他闹矛盾了，而此时你需要用钱，你还好意思找他要钱吗？如果哪一天他背弃你，你又依靠谁呢？

女人们，你要知道，如果你向他伸手要钱，你和他就没有平等对话的资格了，而他也会对你失去应有的尊重。因为他给你钱花，他在你面前就会有优越感，他可能对你颐指气使，对你呼来喝去，你愿意被他使唤吗？

所以，女人一定要有工作，要用自己的行动去创造价值，哪怕你一个月只能赚1000元，你也是值得尊重的。如果你的丈夫很有钱，你也需要工作，不妨让他给你一笔钱，拿来做自己想做的事情，比如，开个书店、开个咖啡馆等，只要你不在家闲着，不做无所事事的“寄生虫”，只要你有所追求，有所行动，你的人生就值得肯定。

女人独立的第三步是精神独立。所谓精神独立，是指女人应该有自己独立的思想，不随波逐流，不因循守旧，不人云亦云，既不会因为独立而孤芳自赏，也不会因为独立而百无聊赖。也许很多女人有这样的经历：

在遭受打击、面对挫折和绝望时，女人会变得惶惶不可终日，希望有一个人给自己精神力量和支持，希望他出现在自己的面前，给自己安慰和帮助。这个人也许是父母，也许是闺蜜，也许是男朋友。而当有一天，忽然失去了这些人时，女人会立刻感觉精神世界坍塌了，觉得无助，觉得茫然。于是女人会问自己：没有他我该怎么办？没有他我该怎么活？

现实中，有些乖乖女把自己的精神寄托在男人身上，当男人离去时，她们会彻底消沉，变得没有生活的勇气，这就是精神不独立的典型表现。心理学上将这种精神上完全依赖于别人的心态，称之为“托付心态”。

女人的托付心态，乃是爱情和婚姻的最大杀手。女人把幸福寄托在男人身上，主要的表现是：什么事情都问男人，没有自己的主见；什么烦恼都向男人倾诉，没有自我调节情绪的能力；男人高兴时，女人也高兴；男人不高兴时，女人的心情马上被男人影响。这样的女人很难感受到爱情和婚姻的幸福。

其实每个人身上都有独立的思想、独立的信念，为什么一定要依靠别人呢？只要你相信并愿意，你就可以主宰自己的思想和灵魂，帮助自己排忧解难。这并不是否定求助他人，而是说要有一种独立精神，要有主见，要有自己的思考，当然，这并不否认和他人交流，集思广益，择善而从。

2. 别把自己的未来抵押在男人身上

“找个好男人就嫁了吧！”生活中，我们经常听到有人对未出嫁的女孩说这句话。看似是一种美好的祝福，让女人对婚姻充满期待，其实是一种错误的思想，会让女人误入歧途。

首先，什么是“好男人”呢？这是一个模棱两可的概念，不同的男人在不同女人的心中，印象往往大为不同。

其次，“找个好男人就嫁了”，意味着让女人把自己的幸福和命运拴在男人身上。换言之，女人后半辈子是否幸福，关键要看这个男人怎么对待她。这是一种很被动的关系，对女人而言风险极大。女人如果没有孙悟空般的火眼金睛，又怎么能分辨出男人是真心对自己好，还是虚情假意呢?

韩国有一部名为《棕榈树丛》的电影，里面讲述了一位贫穷的母亲带着女儿在一个岛上相依为命。她们的日子过得十分艰苦，但是她们相互鼓励，坚信能找到一个可以托付终身的男人，从此改变穷苦的命运，过上幸福的生活。

日子就这样过着，终于有一天，她们盼星星盼月亮，盼来了一条搁浅的船。年轻的船长长得英俊潇洒，让这对母女春心荡漾。于是，在母亲的鼓励下，年轻的女儿换上了最体面的衣服去帮他们，同时也希望得到他们的帮助。

后来，船长“爱上”了这个女孩，但是没有人知道他是不是真心的。因为在那个荒岛上，除了这对母女，根本没有其他女人。很快，船长占有了这个女孩，同时也操纵了她的未来。船长对女孩承诺：“这次航行是我的最后航行，我渴望结束漂泊的生活，我想和你们一起生活，过平淡的日子。”女孩非常感动，相信船长说的是真心话。

一段时间后，搁浅的船要继续航行了。临行时，女孩依依不舍地拉着船长的手，船长拿出一枝棕榈树幼苗，对女孩说：“你把这棵幼苗种下，等它成活时我就会回来。”这句话对一个陷入绝望中的贫困女人而言，简直是最值得相信的承诺。因为她早已把生命、希望、幸福、未来和面包寄托在船长的身上。

船长走了，女孩苦苦等待。等啊等，等啊等，她肚子里的女儿都出生了，后来女儿长大了，也要嫁人了，可是船长还是音信全无。

看完这个故事，你还相信男人吗？你还认为男人是你的救星吗？为什么要去相信男人那些虚无缥缈的承诺呢？为什么不把幸福抓在自己手里，把命运押在自己身上，脚踏实地地去改变自己的命运呢?

我们知道，每个女人都希望婚姻美满、一生幸福，但不应该怀着一颗侥幸的心，把自己的幸福全押在男人身上。在现实生活中，大家可以看到：女人往往十赌九输。如果只是输点钱倒也无所谓，但若把一生的幸福输掉了，那么女人一辈子都会活在痛苦和遗憾中，活得提心吊胆，活得痛苦不堪。

有个女人说：“老公的出轨，让我幡然醒悟：这个世界上根本没有永远，永远只不过是傻女人的傻傻愿望罢了。”她说自己从前非常相信爱情，她没想到自己输得那么惨，输得什么都没剩下。十几年前，她退出职场，在家做“全职太太”，她自认为除了没有挣钱，在其他方面不比别人差，学历、厨艺、容颜、气质。但是随着容颜的老去，老公却背着她找年轻的女人，而且要求和她离婚。

在活生生的现实面前，你还相信男人吗？女人一定要记住：男人在爱你的时候，说的甜言蜜语是为了取悦你。当他不爱你时，你即使再美丽、再贤淑，他也会抽身而去。因此，女人应该有所反思，不应该把幸福的掌控权交给男人，而应该靠自己去把握幸福。西方有一句谚语：“上帝只拯救能够自救的人。”中国也有一句古训：“自助者天助。”两者蕴含的道理是相通的，因此，女人只有努力做自己的救星才会获得真正的幸福。

几年前，一部名为《蜗居》的电视剧热播，看完之后，女人的感叹一阵接一阵。在这部电视剧中，主要讲了三个都市女人——郭海萍、郭海藻、宋夫人。她们都在大城市里打拼，过着高消费、快节奏的生活。

郭海萍看得现实，省吃俭用买了房子。为了供房贷，她在上班之余做兼职，过着再正常不过的都市女人的奋斗生活。虽然很辛苦，但是最后她和丈夫靠着勤劳的双手，过上了更好的生活。

郭海藻是一个纯情的大学生，毕业后不久就卷入了现实而残酷的情感旋涡。为了生存，她成了宋思明的情人，又称之为“小三”，她以为宋思明真的可以给她想要的幸福生活，但是这是一个不可能实现的美梦。因为宋思明有自己的家庭，虽然他能给郭海藻金钱和物质，但却给不了她婚姻和幸福。最后，她失去了真爱她的男朋友小贝，还换来一个“不能生育”的厄运，何其可悲。

宋夫人是个十足的女强人，在物质上她不愁吃穿，而且有个能干的丈夫。按理说，嫁给这样的如意郎君很好命，但是丈夫宋思明却背着她在外面“偷腥”。后来宋思明在车祸中意外身亡。宋夫人这个中年妇女，承担了无比的痛苦……

看了这个故事，你还愿意把自己的未来抵押在男人身上吗?

天真的女人，赶快醒醒吧。如果你想过上幸福的生活，就必须靠自己，而不能像赌博一样把自己的幸福抵押在男人身上。否则，你就很容易沦落到郭海藻和宋夫人那样的下场，被男人抛弃。不管这种抛弃是主观上的情感抛弃，还是客观上的意外身亡，总之，女人要学会靠自己，因为你才是自己的最大救星。

3. 不随波逐流，做一个有主见的女人

女人似水，温柔可人，但不能随波逐流。因为随波逐流，意味着没有主见、没有思想、没有品位；随波逐流，意味着命运不由自己掌控，而是受他人影响；随波逐流，很容易让女人变得越来越有依赖感，关键时刻，她们无法为自己的人生做抉择。随波逐流的女人也许漂亮，但是不可爱；也许外在形象很好，但是缺少内在气质。因此，千万不要做随波逐流的女人。

在都市的浮躁与繁华中，女人很容易迷失自我。尤其是当今流行“干得好不如嫁得好”、“长得好不如嫁得好”这样的思想，女人越发容易迷失。

有个女孩，她宿舍里的其他人都交了男朋友，只有她还是单身，大家都劝她赶紧找个男朋友，她却说：“我的根在老家，我出来是想赚点

钱，寄给家里，过几年，我就要回去了，所以，我不想嫁在这个城市。”

宿舍的姐妹们都说她观念太土，但是她不为所动。她没有像她们那样，整天想着找一个有钱的男人。就这样，她努力地工作着，两年后，她攒了一笔钱，回到了家乡，开了一个饭店，做起了小老板……后来，她嫁给了当地一位有稳定工作的男人，过上了平淡安稳的日子。

无疑，这个女人是有主见的。她知道，每个人都有自己的生活追求，别人所追求的，并不是自己想要的。她能够在众人的劝说中，坚持内心的想法，这样的女人是受人敬佩的。也许，她的生活不那么优越，但是谁说平平淡淡、衣食无忧，这样的生活不是幸福呢？

作为女人，如果没有主见，就会像海面上的树叶随波逐流；没有主见，就容易让人忽略你的存在。生活中，有些女人很想继续工作，但是老公劝她放弃工作，回家带孩子，于是她放弃了自己的想法，辞去了工作；有些女人明明不爱某个男人，但是父母都说那个男人老实可靠，希望她和他结婚，于是，她接受了父母的安排。还有一些女人非常喜欢所在的城市，但是见身边的朋友一个个离去，于是也离开了……

女人，为什么你那么容易被别人的思想左右呢？为什么别人的想法总是影响你的行为呢？为什么你在做决定时总是优柔寡断呢？因为你不够独立，因为你没有主见。不要再轻易顺从别人的意思了，你应该知道：鞋子合脚不合脚，只有你自己知道。生活是你的，你应该做自己的主人，别人的意见你可以去参考，但是不要轻易用别人的意见替代自己的意见。当你左右徘徊时，静下心来，听听内心的选择，相信你就会做出决定了。

伊芙琳·格兰妮是著名的女打击乐独奏家，她之所以成功，与她的主见是分不开的。

伊芙琳·格兰妮出生于苏格兰北部的一个农场，小时候，她对打击乐产生了浓厚的兴趣。随着年龄的增长，她越来越坚定自己的人生理想。可是，12 岁那年，她却遭遇了人生的不幸——她的双耳聋掉了。

对于一个失去听力的人来说，若想从事打击乐，那显然是不可思议的事情。父母和老师都劝说伊芙琳·格兰妮放弃打击乐这个理想，但是伊芙琳·格兰妮却选择倾听内心的决定，毅然决然地追求音乐。

后来，伊芙琳·格兰妮进入了英国伦敦著名的皇家音乐学校，并引起了该校老师和学生们的关注，大家觉得一个耳聋的人学习音乐，简直是痴人说梦。但是伊芙琳·格兰妮用演奏征服了所有人。从皇家音乐学院毕业之后，伊芙琳·格兰妮真正成为一名打击乐独奏家，她的音乐感动了全世界，她说：“我是在用身体聆听音乐。”

伊芙琳·格兰妮的成功告诉我们，女人一定要有自己的主见，不要轻易被任何人的意见所左右。在夜深人静的时候，试着倾听内心的声音。当你弄清楚你要的是什么、怎样做才会令自己快乐时，你就要坚定地走下去。终有一天，别人都将成为你生命中的看客。

下面有三点建议，可以帮你更好地成长为有主见的女人：

（1）充分认识自己

认识自己，是每个女人一生都要面对的课题。认识了自己，才能有自知之明，才能了解自己的能力，才知道自己能做什么。当你知道自己能做什么之后，你才能更好地做出决定。

很多女人经常大脑一热，心血来潮，想到什么就做什么，但是却只有三分钟热度，坚持不了几天，就放弃了。这时，她们看到别人追求什么，也跟着去追求，这就是因为没有充分认识自我，不明白自己的优势所导致的。

（2）倾听旁观者的意见

有主见不等于狂妄自大，不听任何人的意见。恰恰相反，有主见的人在做出某项决定之前，往往会深思熟虑，还会倾听旁观者的意见。比如，他们会把自己的想法告诉朋友，让他们来评判自己的想法。常言道：“当局者迷，旁观者清。”作为局中人的我们，有时候会考虑不周全，这时如果请教旁观者，在旁观者的提点下，我们会把问题考虑得更周全，从而确保万无一失。

（3）不要怀疑自己

自我怀疑是没有主见者的通病，他们在做出决定之后，往往会忍不住自我怀疑，怀疑的心理越重，他们往往越有可能放弃自己的决定。所以，建议你：在你做出决定之后，不要去想“失败了怎么办”，既然想好了，就去做，千万不要犹豫。因为犹豫越多，拖延越久，你的想法越不容易被落实。

4. 为工作而生活，女人因事业而美丽

有些人觉得女人应该以家庭为重，尤其是结了婚、有了孩子，女人就更应该持家、照顾孩子。然而，如今的社会，有各种各样的开支，仅靠男人一个人来支撑，显然是不够的，女人同样应该去工作，和男人一起支撑家庭。

当然，如果说女人工作只是为了帮男人分忧，那么男人可能觉得女人太小瞧他们了。其实，女人工作还有更高的追求，那就是实现自己的价值，让男人不再小觑自己。这样对女人赢得男人的尊重和疼爱，对维护家庭稳定有更加深远的意义。不信，就来看一个例子：

佩佳大学毕业后在一家公司认识了刘健，经过一年的恋爱，两人结婚了。之后，他们的孩子出生了，佩佳辞去了工作，在家照顾孩子。与此同时，刘健也辞去了工作，和几个朋友合伙在外地创业，自己做起了生意。

刘健每天忙于生意，无暇顾及家里的妻儿。虽然这段时间生活很困难，但是刘健和佩佳的感情却很好。经过两年的奋斗，刘健的生意慢慢步入了正轨，后来公司接了几笔大的订单，生意开始好了起来。之后，

刘健买了房和车，把佩佳和孩子接了过去。

很自然，佩佳做了家庭主妇，每天接送孩子上幼儿园，操持家务。虽然不愁吃、不愁穿，但是生活非常单调乏味，她经常觉得心里空荡荡的。起初刘健表现还不错，每天忙完公司的事情，就回家陪佩佳和孩子。但是渐渐地，他和佩佳没什么可聊的，两人只是坐在一起看电视。后来，刘健索性借口工作忙，很晚回家，有时甚至不回家。

佩佳看出了丈夫对自己的冷漠，但是令她万万没想到的是，她的丈夫居然有了外遇。有一次，她到酒店去看一个朋友，无意中看见刘健和一个年轻美貌的女人亲密地从酒店出来。凭着女人的直觉，她知道丈夫有外遇了。后来，佩佳的猜测得到了丈夫的证实，经过一番痛苦的思想斗争之后，她向刘健提出了离婚。

离婚之后，佩佳用以前攒的钱和平时刘健给她的钱用来创业，做了一个著名内衣品牌的区域代理人。虽然她没有什么独特的能力，但是她勤奋努力，每天奔波于各家商场，了解市场，分析客户，费尽口舌推销产品。功夫不负有心人，经过半年的努力，佩佳的第一批货终于被商场接受了，而且卖得很不错。

在初步熟悉服装行业后，佩佳开始不满足只在当地销售这个品牌的内衣，她决心走出去，把产品推向更广阔的市场。她的计划成功了，产品在外地卖得也很火。这个时候，刘健对佩佳刮目相看，他之前以为佩佳离不开他，但现在不得不改变看法。他开始后悔失去了佩佳，于是想办法让佩佳回到身边，并经常打电话嘘寒问暖，还多次约她一起吃饭。考虑到他们的孩子，佩佳答应和刘健重归于好。

佩佳的故事告诉我们，一个女人只有拥有工作、拥有事业，才会令男人刮目相看，才有真正的魅力。也许你不能像佩佳那样拥有一份属于自己的事业，但是你一定要有一份职业；也许你的工作比较辛苦，一个月只挣千八百块钱，而你丈夫很有钱，他劝你别上班，说你上班是找罪受，可你千万不要和他一样想，因为对女人来说，拥有一份独立的工作是必不可少的。

女人有了工作，每天有事可做，生活才会变得充实；女人有了工作，每天朝九晚五，可以和公司里的同事以及外界打交道，生活才会变得丰富多彩；女人有了工作，每天要出门，适当的着装打扮是必须的，这样女人才会变得迷人；女人有了工作，每个月都能领回自己的劳动所得，用这笔钱，女人可以给自己买化妆品，可以给丈夫买些礼物，还可以补贴家用，这样女人会活得有价值感和成就感。

在如今这个时代，女人不能再像旧社会那样，在男人的保护下生存，不能太过依赖男人，把一切生活来源都寄托在男人身上。女人应该骄傲而快乐地去享受工作，以强者的姿态和男人共担责任，共担风雨。这样，女人才会更加美丽、更加迷人。

颜云大学毕业后，在一家网络公司负责网页设计、组织网站建设，还在网上做销售，业绩也比较好。结婚之后，她继续上班。

颜云的父亲经营乐器产品，在网络销售如火如荼的电子商务时代，他多次提醒颜云帮他建一个网站，通过网络销售乐器。在父亲的引导下，颜云萌发了创业的冲动，她给父亲的乐器产品建了一个网站，以乐器销售为主要业务。

一段时间后，网络销售的效益相当不错，于是颜云干脆辞去了原来的工作，告别了给别人打工的日子，全身心地和父亲经营乐器产品。没想到，他们的生意越做越火，后来颜云把丈夫也“拉下水”，成立了一个家庭公司。仅仅用了两年时间，他们就赚了近百万，顺利地在当地买了房子。之后，他们的干劲更足了，不但生意红红火火，而且两口子的感情越来越好，羡煞了很多亲戚朋友。

无论你是富是贫，都应该有一份工作，有一份自己的事业。这不仅仅是一项谋生的手段，也是生活不可缺少的一种追求，还是实现自我价值的一个重要途径。所以，女人一定要把握自己未来的方向，把自己的人生掌握在手里，千万不要因为家庭生活的琐碎而放弃工作。

工作使女人更美丽了，但也要注意，工作只是生活的一部分，而不是生活的全部。工作的同时，不要忽视了自己的家庭，也不要忽视了自己的身体。如果为了工作忽视了夫妻感情或把自己累趴下了，那就太得不偿失了。只有平衡好工作和家庭，女人才是最聪明的，这样的女人在男人眼里才会散发出迷人的魅力。

5. 永远不要看轻自己，你比想象中更优秀

在这个世界上，很多人不明白自己的价值所在，不知道自己的潜能有多大，他们经常看轻自己，悲观地认为自己不行。面对一个目标时，他们一开始想到的就是“我做不到”；面对一个困难时，他们一开始想到的是“我克服不了”；面对一个对手时，他们很容易就产生“我不如人”的念头。

你真的不如别人吗？你真的无法成功吗？其实不然，只要你相信自己，自信地去行动，也许你会表现出伟大的一面。著名的数学家高斯用自己的实际行动证明了这个道理，让我们看到了人类的无穷潜力。

1796 年，19 岁的高斯就读于德国哥廷根大学。一天晚上，他吃完晚饭后，开始做导师每天给他布置的三道数学题。前面两题高斯很快就做完了，但是第三道题似乎很难，题目是：用圆规和一把没有刻度的直尺，画出一个正 17 边形。高斯思考了很久，也没想出思路，他发现用自己所学的知识似乎无法做出这道题。不过，他没有沮丧，相反，他的斗志被激发出来了，他下定决心一定要做出这道题。

高斯拿起圆规和直尺，一边思考一边在纸上画着，尝试着去找答案。就这样，他忙碌了一个晚上，等到天快亮时，他长舒了一口气，因为他

做出了这道题。当他把作业交给导师时，高斯惭愧地说：“老师，您给我布置的三道题，我竟然做了一整夜，我辜负了您对我的栽培……”

导师接过了作业，看完高斯的解答，顿时惊呆了，他几乎不相信这是高斯做的，用颤抖的声音对高斯说：“这是你自己做出来的吗？”

高斯见导师如此表情，有些疑惑，说：“是我做的，但是我为此花了一整夜的时间。”

导师激动地说：“你知不知道？你解开了一道有两千多年历史的数学难题，阿基米德没有解开，牛顿没有解开，你竟然一个晚上就做出来了，你才是真正的天才！”

原来，那道难题并非导师有意交给高斯，而是因为布置作业时误把那道题给了他。后来，高斯每次回忆这次经历时，就会充满感慨地说：“如果有人告诉我，那是一道有两千多年历史的数学难题，我可能永远也没有信心将它解出来。”

高斯的经历告诉我们每个人：你比自己想象中的更优秀，人千万不要看轻自己。即便同一件事很优秀的人没有做到，你也不能因此贬低自己，认为自己也无法做到。因为每个人的潜能是无穷的，你所展现出来的能力只是冰山一角，你还有很多能力等待去挖掘。因此，相信自己、肯定自己，你才能挖掘出更多潜在的价值，从而使自己变得更优秀。

美国学者詹姆斯通过研究，得出这样一个结论：“普通人只开发了他蕴藏能力的十分之一，与应当取得的成就相比较，我们不过是在沉睡，我们只利用了我们身心资源的很小的一部分，甚至可以说一直在荒废。”你要相信，你其实拥有一座潜能的宝藏，它一直等待你去开发，只要你找对方法，勇于寻找自己优秀的一面，你就能变得更加出色。

美国一位著名的音乐教授指导学员黛西研修钢琴时，一开始就给黛西一份难度比较高的乐谱，黛西在弹奏中错误百出，但教授鼓励她：“不要担心，回去好好练习。”

黛西回到家里，埋头练习了一个星期。一个星期之后，她打算让教授检验她弹奏的效果，但是教授没有检验她，而是再次交给她一份难度更高的乐谱，对她说：“试试看吧！”

黛西挣扎着应付着这份高难度的挑战，为此她又练习了一周。第三周时，教授又给她一份全新的、难度更高的乐谱，这让她非常困扰，她觉得自己弹得非常糟糕，她不知道教授到底是什么意思，为什么要用高难度的乐谱来折磨她。但是出于对老师的服从，她还是继续练习钢琴。

在三个月时间里，教授不断地给黛西更高难度的乐谱。三个月之后，黛西终于忍不住了，她气愤地找到教授，质问道：“老师，你为什么要折磨我？你知道，你给我的那些琴谱的难度有多大吗？我的水平根本达不到，你让我怎么弹奏呢？”

教授没有回答她的问题，而是拿出最早交的那份乐谱，交给黛西：“来，你先来弹这份乐谱！”当黛西弹奏这份乐谱时，不可思议的事情发生了，因为她弹出了非常精湛的技术，琴声美妙至极，连她自己都感到无法相信。紧接着，教授把第二份乐谱交给黛西，黛西再次弹出了宛转悠扬的琴声。

终于，教授开口了：“我这样训练你，就是为了激发你的潜能，否则，你今天还在练习最早的乐谱，你就不可能有现在这样的水平……”

很多人总认为自己的水平、能力就这样，只能做这样的工作，只能拿这样的收入。其实，你的能力并非你想象的那样，你如果觉得自己只能这样了，那就是在看轻自己。事实上，你比你想象中更优秀，不要等到面临绝境时才表现出这种优秀，而要在日常生活和工作中，有意识地去激发自己的潜能，不断鼓励自己走向优秀。

自我潜能激发最简单有效的方法是，每天从镜子里看自己，对着镜子说：“其实我长得挺漂亮的，我的秀发是那么飘逸，我的声音是那么温柔，我的微笑是那么迷人。”你还可以对着镜子说：“我爱你，我真的很棒，我要让你变得更优秀。”

对女人来说，你应该把照镜子当成一种习惯，把在镜子面前进行自我暗示也当成一种习惯，这会对你产生很大的激励。因为透过镜子，你可以看到真相，看到自己优秀的一面。你要记住一句话：“你并不缺少美，并不缺少优秀，而是缺少发现自己美、发现自己优秀的眼睛。”

哈佛大学教授泰勒·本·沙哈尔曾在课堂上与学生讨论“你是否了解自己”这个问题。有个学生问他：“请问老师，您是否了解您自己呢?”沙哈尔心想：“是呀，我是否了解自己呢?”他回答：“嗯，我回去一定要好好观察、思考和了解自己。”

回到家里，沙哈尔拿来一面镜子，观察了自己好长时间，他观察自己的外貌、表情，不断地分析自己的优势。当他看到自己的秃顶时，他想到了莎士比亚也是秃顶；当他看到自己的鹰钩鼻时，他想到了大侦探福尔摩斯就有鹰钩鼻；当他看到自己的大长脸时，他想到了美国总统林肯就有一张大长脸；当他看到自己的小矮个儿时，他想到了拿破仑的身材也很矮。当他看到自己有一双八字脚时，他想到卓别林也有一双八字脚。

第二天，沙哈尔告诉学生：“我身上有古今中外很多名人、伟人、聪明人的特点，我是一个非同寻常的人，我将前途无量。”

沙哈尔教授的话表达的是一种自我欣赏，这使他对自己充满了自信。即使在别人看来，他长得很难看，但是他在镜子面前进行一番积极的心理暗示之后，他发现自己是那么与众不同。最后，他肯定自己一定会前途无量。尼采曾经说过：“聪明的人只要能认识自己，便什么也不会失去。”所以，女人也应该欣赏自己、相信自己，并从自信中找到动力，使自己快乐地走向成功。

6. 保持本色，做真实的自己

每个女人都希望得到别人的认可，不同的是，有些女人在意别人对自己外表的认可，而有些女人在乎别人对自己内在的认可。但无论是哪种在乎，都会让女人不自觉地按照别人的喜好来行事。于是，有些女人学会了伪装，学会了自我包装，精心打造一个别人希望的样子，去迎合别人的口味。结果，在一次次自我包装中，她们渐渐失去了自己的本色，失去了自己原有的美感和味道。

莎莉丝特和丈夫幸福而快乐地生活，他们彼此非常相爱。但莎莉丝特对自己的身材和相貌不太满意，每当她发现丈夫偷偷瞄路边的美女时，她的内心就会隐隐不快。她会想：男人一定喜欢漂亮的女人，如果我能更漂亮，身材更迷人，他一定会更爱我。

一天，莎莉丝特对丈夫撒了一个谎，说单位派她出国深造。其实，她是背着丈夫出国整容了。半年后，莎莉丝特兴致勃勃地回到家，以为丈夫看到自己时会非常开心。但是丈夫见到她之后，一脸默然和疑惑。从那以后，丈夫总觉得在和一个陌生女人生活，他感到非常别扭，最后，他提出了离婚。

莎莉丝特十分疑惑，就问丈夫：“我现在的相貌比以前漂亮很多，为什么你却不喜欢呢？”丈夫说：“在我眼里，原来的你是最美的，虽然你相貌平平，身材还有些臃肿，下巴还长了一颗痣，但那就是你，独特的你。但现在一切都不同了……”

什么样的女人是最美的？活出真实的自己的女人、保持自我本色的女人是最美的。女人要知道，别人的喜好是会改变的，而且每个人的审美观是不同的，如果你想迎合别人，任你怎么迎合，也迎合不来。所以，与其费力不讨好地迎合别人，不如做真实的自己。

做真实的自己，意味着不轻易受到别人评价和看法的影响，而是按照自己的想法，做自己想做的事情，过自己想过的生活；做真实的自己，意味着不自卑、不讨厌自己，尊重自己的容貌，尊重自己的内心；做真实的自己，既要保持内心的本色，也要保持外表的本色。做真实的自己，才能活得自由自在，活得潇潇洒洒。

索尼亚是美国著名的女演员。上学的时候，有一天，她泪流满面地回到家，说同学说她长得丑，还说她跑步的姿势难看。父亲听了她的话，只是笑了笑。过了一会儿，父亲对她说：“我能摸到我们家的天花板，你相信吗?”

索尼亚看了看天花板，觉得父亲不可能摸到。父亲笑着说：“我知道你不信，那你也别相信你同学的话，因为有些人说的话并不符合事实，就像我说能摸到天花板，但事实上我摸不到。”

索尼亚明白了，她知道不能太在意别人的看法，而要按自己的想法去做事。后来索尼亚长大了，到了 25 岁时，已经小有名气。有一次，她按照计划去参加一个集会，但是那天下雨了，她的经纪人告诉她：“今天天气不好，参加这个集会的人不会太多，你可以不去。”

经纪人的意思很明显，作为一名新人，索尼亚应该把时间放在大型活动上，以提升自己的名气和影响力。但是索尼亚却不这么想，她认为自己承诺过的事情，就必须兑现。结果，索尼亚冒雨参加了那次集会，因为她的到场，现场的人越来越多，她的名气和人气也骤然提升。

命运掌握在你的手中，你是自己的主人，因此，不要轻易被别人影响。对女人来说，个性是极其宝贵的，保持自我本色，做一个拥有个性之美的女人，会让你更有魅力。所以，女人要对自己充满自信，大胆地按照自己的想法去行事，按照自己的审美取向去穿衣打扮，你才能活得优雅自在。

世界上并不存在完美无缺的事物，女人没必要为自己身上的某些缺陷而闷闷不乐。毕竟在这个世界上，你始终都是独一无二的。即便是缺点，只要你善于发掘它的有益之处，将其发挥到极致，缺点也会为你增添价值，增添魅力。

美国有个女孩从小就梦想成为一名歌唱家，可惜她的相貌丑陋，嘴巴太大，而且有严重的龅牙。因此，她每次唱歌时，就会试着用上嘴唇遮盖住牙齿，但这往往适得其反，出尽洋相。有一次，她在夜总会唱歌，一个观众十分坦率地对她说：“我知道你唱歌时很想掩藏龅牙，你觉得自己的牙齿很难看，对吗？”

她显得非常窘迫，可那个观众继续说：“长了龅牙并不是罪过，你不必去遮掩，请勇敢地张开你的嘴巴，努力发挥你的唱功吧。也许这样，观众会更喜欢你的歌声，也许你想遮掩的龅牙会带给你好运。”

她接受了这个忠告，唱歌的时候不再关注自己的龅牙，而是全身心地歌唱，她张大嘴巴，声情并茂，热情洋溢，终于赢得了观众的认可。后来，她越唱越好，越唱越有名气，终于成为一名歌唱家。

女人，你是世界上独一无二的，你有自己的本色，也许这种本色不符合主流审美取向，但如果你能将它修炼到极致，你就能引领一种新的审美理念。所以，保持本色，大大方方地做自己吧！当你自信地走在自己所选择的道路上，你就会成为一道亮丽的风景，成为拥有独特之美的优雅女人。

7. 自信：三分源自外表，七分源自内心

一个女人的自信、自豪感，到底源自什么？是源自容貌、身材、财富，还是源自丈夫？抑或是源自内心、源自修养？

一切外在的东西，看似是你的，其实并不属于你，它们有失去的可能。如果你的自信源自外在的东西，那么这种自信最多只占三分，剩下的七分都是源自内心的。这部分自信任凭时光流转、美貌流失、贫富转换，永远都属于你，即便你失去了这些，你仍然是个自信的女人。所以，女人无需为容貌而骄傲，而应该努力充实内心，让自己拥有更多的内涵。

每一个见过布丽姬特的人，都觉得她是一个不折不扣的大美女。父母给了她一个堪称完美的容貌。长大之后，她又有高挑的、凸凹有致的身材和白皙的皮肤，最让人着迷的是她那双水汪汪的大眼睛。

在上学期间，虽然布丽姬特成绩不好，但是非常受班里男生的追捧，这也让她颇为自信。她总以为，长得漂亮走到哪里都是焦点。而且由于她家境富有，父母花钱把她送入高等学府，但她仍然没有意识到要努力学习。

大学毕业后，布丽姬特拿着“混来”的毕业证书，再通过父母的人脉关系，进入了一家知名企业，谋得了一份不错的工作。但是由于她一向不注重内在修养，在与人相处时，总是大大咧咧，有时还会恶语伤人，所以她的同事关系并不好；由于一向不重视学习，她也无法胜任工作，并且经常出错。最后，老板不得不将她辞退。

一个偶然的机会，一家公关公司的总经理发现了布丽姬特，于是重金聘用她担任公司的公关人员。于是，布丽姬特的自信心重新燃起，她凭借华丽的外表成为单位里名副其实的“花瓶”，白天基本不用上班，晚上则陪客户在觥筹交错间尽情畅饮。然而，美貌总是会随着年龄消失的，几年后，布丽姬特由于魅力不在了，于是被公司“抛弃”了。从此，她跌入了消极自卑的深谷……

女人自信和魅力，三分源自外表，七分源自内心。外表之所以无法长久地给你自信，是因为外表会随年龄的增长而渐渐消失，魅力会随皮肤的渐渐发黄、松弛而锐减。相比之下，女人的内在之美是永恒的，而且随着人的不断成长、不断成熟，女人的内在之美会更加迷人。因此，女人只有注重修炼内心，才能让自己变得更加强大。

在一本名为《一切奇迹在自己》的书中，有这样一句话：“无论你的家庭多么平凡，无论你的相貌多么普通，谁都没有资格瞧不起你，唯有你自己瞧不起自己。只要你内心强大，只要你充满自信，你就会成为有魅力的人。”爱尔兰剧作家萧伯纳曾说过：“有信心的人，可以化渺小为伟大，化平庸为神奇。”

卡洛琳深爱着自己的丈夫，但她不像有些女人那样，整天黏着丈夫。她在爱丈夫的同时，还懂得爱自己。她的丈夫是一位常年在外的商人，虽然他们聚少离多，但是他们的感情十分融洽。

有人问卡洛琳：“你丈夫那么有钱，经常在外面，你不担心他背着你找女人吗？”卡洛琳却开玩笑地说：“我一点都不担心，我倒是怀疑，他在外面的时候，会担心我在家是否安分。”卡洛琳还说，她和丈夫是互相信任的，她爱丈夫，她相信丈夫会忠于婚姻。而且她有自己的事业，并非把一切都抵押在丈夫身上。所以，她一直生活得很快乐。

真正的自信源于内心的强大。内心强大的女人，可以化解很多不必要的担忧、怀疑、烦恼；内心强大的女人可以化解生命中很多遗憾，可以让自己坦然地看待自己和别人。比如，内心强大的女人不会无端地比较，这样就不会产生虚妄的优越感，更不会产生愚蠢的自卑感。内心强大的女人也不会无缘无故地猜忌，这样就不会产生嫉妒心，就不会引起人际关系的困扰。

内心强大是女人自信的最好底蕴，这种强大不是盲目的，而是以知识与内涵为基础的。有知识和内涵的女人，在日常家务里，在待人接物里，在人际交往里，在小到柴米油盐、大到人生课题中，都能保持一份淡定和从容。当这种从容与淡定表现出来时，会让女人显得格外有气质，这样的女人才是最有魅力的。

第八章 通晓人际规则，让女人博万千宠爱于一身

你想走到哪里都受人欢迎吗？你想成为大家眼中的“人气王”吗？你想博万千宠爱于一身吗？如果想，那就从现在开始，通晓人际关系潜规则，学会与人相处的艺术吧！不要锋芒太露，不要咄咄逼人，不要显得比别人更聪明，不要为了面子充作“全能女人”，而要学会示弱，学会给别人台阶下，学会照顾别人的感受。

1. 女孩行走江湖，切勿锋芒毕露

老鹰站立的时候像睡着了一样，老虎慢吞吞地走路时像病了一样，然而，这种深藏不露的表现正是它们捕捉猎物的手段。动物世界的生存规律告诉我们，做人要聪明但不要露锋芒，有才华可以，但不要随便逞能，沉住气才能干得了大事。

锋芒太露容易没饭吃——这是栽过跟头的老祖宗们用鲜血和脑浆写下的忠告。可是，很多老实女人并不明白这个道理，她们认为做人就要实在，有能力就要表现出来，没能力就靠边站，有能力不表现，藏着掖着是小人之举，她们对此非常不屑。因此，只要有机会，只要她们自认为有实力，就会大胆地表现。至于别人怎么看自己，她们甚至想都没想过。

大学本科毕业的小吴在职场摸爬滚打了三年之后，自认为自己的实力超出了公司给予的待遇，在要求加薪无果之后，她果断地选择了跳槽。后来，她来到一家外贸公司应聘。在外贸公司业务经理孙先生面前，小吴充分自如地展现了自己的业务推广能力、活动组织能力、英语表达能力。原本孙先生对小吴非常满意，但小吴的一句话却吓退了孙先生。这是怎么回事呢？

原来，在应聘者中，除了小吴让孙先生满意之外，还有一个名叫小雯的女孩也表现不错。公司急需一个业务推广助理，主要负责工厂联系和发货工作。在模拟接电话的面试中，孙先生发现小吴性格干脆利落，说话自然大方，觉得她挺适合这份工作的。但是当苏先生问起小吴的职业规划时，小吴回答道："我对自己充满自信，凭借我的能力和素质，我相信未来两年内，月薪要上万，这是我对自己的最低要求。”

孙先生听了这话，心里不由地犯了嘀咕：一个业务推广助理的职位，怎么可能达到月薪一万的标准呢？目标这么高的女孩，肯定做事不安分，说不定还会给自己找麻烦。反观小雯，家境不错，性格文静，对薪水要求与公司薪资水平比较符合，还一直表示会好好学习。于是，孙先生最后选择了小雯。

女人有自信是好样的，但这种自信不一定要表现出来。小吴面试之所以失败，就是因为她太过自信，给人一种锋芒毕露的感觉，如果她懂得适当收起锋芒，表现得谦虚一点，或许她就得到了那份工作。可见，锋芒毕露容易没饭吃，这句话真的非常有道理。

相信大家都听过“真人不露相，露相不真人”这句话，意思就是：真正聪明、有实力的人绝不到处炫耀自己，而是很安静、很低调地等待一鸣惊人的机会。就像财富一样，有钱当然是好事，但没必要整天提着钱箱子到街上去显摆。否则，不被人打劫才怪。

女人有才华是一件好事，这是成才的基础，但才华是一把双刃剑，可以刺伤别人，也会刺伤自己，所以，运用起来一定要小心翼翼。老实女人有必要改变简单、单纯的思维方式，不要认为自己有实力就应该随时随地表现，而要认识到：过于锋芒毕露显得太张扬，无形中还会把别人比下去，容易遭人嫉恨。还要认识到，锋芒毕露一旦过度就成了自大狂妄，这种处世姿态是不受人欢迎的，甚至会被人暗中陷害。

三国时期诸葛亮的长兄诸葛瑾，有一个儿子叫诸葛恪。他出身名门，家教严格，很小就展现出过人的才智，大家都认为他的才华超过其父诸葛瑾。但是诸葛瑾却不这么认为，他并没有因儿子的才华而高兴，相反，他觉得儿子将来可能会给家族带来不幸。为什么呢？

用诸葛瑾的话说就是：“恪性格暴躁、刚愎自用，而且太喜欢表现自己，锋芒过于外露，终将引来祸端。”后来，果然不出诸葛瑾所料，诸葛恪长大成人，在掌权之后，表现得非常狂妄独断，经常以才压人，目中无人，最后惹怒了众人，最终被大臣们献计害死，导致整个家族被诛灭。

不可否认的是，在这个世界上，很多单纯女人的思维就像诸葛恪一样，活得过于真实，表现得过于张扬，这种处世姿态很容易招惹麻烦，把自己逼得走投无路。锋芒毕露虽然会给自己带来暂时的成功，但却很容易变成别人攻击的靶子，不知不觉给自己挖了一个坟坑，什么时候掉进去，都不一定清楚。所以，无论你在工作上表现得如何突出，如何受领导肯定，千万不要得意忘形，不要表现得自大狂妄。

2. 学会示弱——人人都有同情弱者的天性

在日常交往中，很多女人往往习惯于表现自己的强项、优势，在别人面前展现自己的优越感，以为这样可以在别人心目中留下好感。殊不知，这种做法是非常愚蠢的，往往会适得其反，招人嫉妒。

珍珍大学毕业后，进入了一家机关单位。她是学中文的，加上平时爱好读书和写作，因此，写作能力在工作中被她发挥得淋漓尽致。每次领导交代任务，她都会出色地完成。再加上珍珍的精力充沛，工作认真，因此，进单位不久，就深得领导的器重。

每个月珍珍都会利用业余时间写文章投稿，基本上每个月都有稿费单飞来，这让她在单位无限风光，一些人羡慕不已，一些人则心生嫉妒。

最开始，机关里那些还在原地踏步的老同事用酸溜溜的语气对珍珍说："珍珍，又来稿费了？挣百八十块钱不容易吧，我看你的眼睛都红肿了，昨晚熬到凌晨几点啊？"

接着，那些年轻的同事也心里不平衡了，看到珍珍拿着荣誉证书，就去领导面前告状，说珍珍利用上班时间写自己的文章，赚自己的小费，上班时间用公司电话给家人打电话……

其实，这不过是一些鸡毛蒜皮的小事，被同事这么一说，显得很严重。领导找珍珍谈话：“你还年轻，有了成绩不能骄傲，有小毛病一定要改，不然就会酿成大错……”虽然语气委婉，但珍珍心里依然不是滋味。

对于那些无聊的告状，珍珍非常恼火，她不知道自己做了什么事情，为什么大家都会看不惯自己？

当你比别人成功，比别人幸运时，你就很容易招人嫉妒。这是人际交往中的常见现象。这时你生别人的气，和别人大吵也没用，只能让别人更反感你，最好的办法就是主动示弱，以平复别人的嫉妒心理。

要知道，对弱者有同情心，对强者有嫉妒心，这是人类的天性。有了同情心之后，关心、帮助就会随之而来；有了嫉妒心之后，敌对、打击就会从天而降。因此，聪明的女人如果不想在无形中树敌，而是想获得更多人的“厚爱”的话，就应该学会示弱。

示弱可以减少别人对你的嫉妒和不满，还能拉近你和别人的距离。尤其是当你是出色的人物、成功者时，更应该学会向别人示弱，以消除大众对你的排斥心理。

比如，有位政治家在接待记者的时候，故意喝一口刚泡好的咖啡，然后大嚷道：“啊！好烫！”咖啡杯随之滚落在地。

接着，政治家又把香烟倒着插入嘴中，准备在过滤嘴处点火。这时记者提醒他，他才慌忙地拿正。其实，这位政治家是故意这么做的，目的就是通过示弱让记者明白：政治家这样的大人物也是普通人，也会犯低级错误，以消除记者对他的距离感，增加自己的亲近感。

对女人来说，她们生来骨子里就有温柔的成分。因此，何必刻意地伪装强势呢？何不学会示弱以博得别人的宠爱呢？示弱既能使不如你的人保持内心的平衡，有利于你的人际交往，又能让人对你产生同情之心，继而愿意接近你、帮助你。特别是在家庭生活中，女人不要做一个无所不能的太太，而应该放下盛气凌人的姿态，学会向男人示弱。这才是女人智慧的表现。

当年撒切尔夫人担任英国首相时，曾发生过这样一件事：参加完就职典礼后，撒切尔夫人回到家里，敲门声惊动了丈夫。丈夫问："谁啊?"撒切尔夫人洋洋得意地说："我是英国首相!"结果丈夫半天也不来开门。撒切尔夫人恍然大悟，马上改口说："亲爱的，开门吧，我是你太太。"很快丈夫就开门了，并给了她一个热烈的拥抱。

在这里，撒切尔夫人通过示弱让丈夫开了门，并获得丈夫的热烈拥抱。可见，示弱的魅力非常大，女人示弱可以给男人足够的面子和足够的信心。在婚姻中，和男人相处是一门艺术，只有懂得妥协的女人才会让男人更加爱你。而一个不懂得示弱的女人，或许她很能干，很能持家，但是很可能不被男人疼爱。

燕子是个争强好胜的女人，她做事果断，能吃苦，善于持家，无论多累，家里的大小事她都一人包了。按理说她这么能干，丈夫应该觉得自己很幸福，应该会很珍惜她。可事实上并不是这样，她经常抱怨丈夫没良心，一点忙都帮不上，一句体贴的话都不说，经常懒懒散散的，好像家里的事他没有责任一样。

为什么燕子的丈夫会这样呢？其实，最开始的时候，丈夫见燕子经常忙里忙外，也会主动做家务，但是燕子觉得丈夫做得不好，于是她又做一遍。丈夫心想：我做完你还要做，我不是白做吗？既然你觉得我做不好，那你做好了，我还懒得操心呢！就这样，丈夫再也不愿意做家务了。

无论你在工作中多么能干，与人交往的时候都应该放低姿态、保持谦虚。回到家里，一定要放下盛气凌人的架子，否则，没有哪个男人会喜欢你。因为家是温暖的港湾，而不是比强悍的地方。

总而言之，无论是在工作中，还是家庭生活中，或是在平时的生活中，如果你想有一个好人缘，想处处受人欢迎，就有必要学会示弱。示弱的女人才可爱，示弱的女人才好命，示弱的女人才会博得万千宠爱。

3. 学会给对方一个台阶下

俗话说："人活一张脸，树活一张皮。"爱面子是人类的天性，给别人台阶下，给别人留面子，不仅能获得对方的信任与好感，还有助于树立自己良好的社交形象，从而使你更加受人欢迎。相反，不给别人台阶下，不照顾别人的面子，既害人又害己。

春兰喜欢公司的一个男同事，她把这件事告诉了好朋友刘纯。一开始，刘纯是个忠实的听众，但时间长了，她觉得那个男同事根本不喜欢春兰，觉得春兰太傻了，于是对春兰说："春兰，如果对方对你不感兴趣，你这样就显得太卑微了！"

春兰笑着说："卑微？你去年还不一样，你暗恋一个老男人时怎么不觉得卑微呢？"刘纯没想到好朋友把自己过去的伤疤捅了出来，气得一时间语无伦次："你……你怎么能这样说我呢？我最后……最后不是放弃了吗？可不像你现在这么执著。"

春兰不怀好意地笑道："什么放弃，你暗恋那个老男人快一年了，你还好意思说，我都感觉丢人，别人都有家室了……"刘纯被春兰的这番话彻底刺伤了，扭头就走了，从此再也不和春兰来往。

春兰不但揭了刘纯的伤疤，还毫不留情地讽刺她，这让人真的难以接受。如果春兰聪明一点，及时住口，给刘纯台阶下，或许不至于闹得朋友关系破裂。

俗话说："金无足赤，人无完人。"当你发现别人的错误与不足时，千万不要抓着不放，“把人一棒子打死”，而要学会给对方留有余地，这样既能赢得别人的感激，又能显现你良好的个人修养，何乐而不为呢？

有一次，王红和丈夫在新房装修风格上有了分歧，两人为此大吵一架。丈夫情绪失控，“离婚”二字从嘴里“蹦”了出来，还随手把一千多块钱的手机摔碎了。

事后丈夫想起和王红结婚时的约定，觉得无论怎样，自己都不该提“离婚”的事，这次有点太小题大做了。虽然为自己说的话感到后悔，但是碍于面子，他硬是一天没理妻子。

晚饭时，丈夫打开冰箱，发现什么吃的都没有于是无奈地叹了叹气。王红在客厅听见丈夫的叹气声，探头看了一眼，虎着脸说：“你饿了吧，我来给你做饭，等会儿我们还要一起看喜剧片呢！”丈夫不好意思地点了点头。

吃完饭后，丈夫和王红靠在床上看喜剧片，突然，王红对丈夫说：“老公，你说了不该说的，伤了我的心，你要怎样弥补我啊？”丈夫马上吻了王红一下，很快，两人的关系就“解冻”了……

在人际关系战争中，愚蠢的女人往往咄咄逼人，火上浇油，一根筋到底；聪明的女人则懂得适可而止，给对方一个台阶下，给对方留一点面子。王红就是这样的女人，她懂得再给丈夫一个台阶下，及时缓和吵架造成的不愉快，这样做往往会让夫妻关系更加亲密。

当然，给人台阶下是需要技巧的，一般来说，有以下几种技巧：

技巧 1：面对尴尬的气氛，说点好听的

给别人台阶下，不只是简单地让着别人，比如，当两人之间的气氛非常尴尬时，你不妨说点好听的，不管你说得对不对，只要说几句赞美的话，就是给对方台阶下。

有一次，朱元璋在金水河边钓鱼，解缙陪在一旁。钓了一上午，也没钓到鱼。突然，朱元璋要解缙写一首诗，纪念一下今天的空手而归。这不是难为解缙吗？鱼没钓到，还要写诗，真不知怎么下手。但解缙的才华不是浪得虚名的，他思考了一下，随口就来：“数尺纶丝入水中，金钩抛去永无踪。凡鱼不敢朝天子，万岁君王只钓龙。”朱元璋听了解缙的诗，怒气一下子消了许多。

在这里，解缙面对朱元璋的尴尬，写了一首诗宽慰朱元璋，给朱元璋台阶下，很好地缓解了现场的尴尬气氛。聪明的女人不一定要会写诗，但一定要会说赞美的话，特别是在两人气氛尴尬的时候，适当说句赞美的话，让别人听着高兴，尴尬气氛自然就消散了。

技巧2：面对别人的请求，拒绝不能太绝情

当别人请求你时，你想拒绝别人，但是要注意方式方法，给人退路和面子，这样才不会使对方难堪。拒绝的时候，不能把话完全说死，你可以用拖延说“不”。比如，有位男士请你跳舞，你可以说：“以后吧，有时间我会约你的。”让对方明白，这次拒绝，下次还有机会。

技巧3：对于别人的错误，委婉地指出来

有这样一个故事：

有位男客户来退西装，售货员张女士发现西装有洗过的痕迹，但她没有说破，而是给顾客找了一条退路。她说：“可能你的家人不小心搞错了，把西装送去洗了。我以前也有类似的情况，有一次，我稀里糊涂地把一堆衣服拿去洗……和您一样，不是吗？你看，你的西装有洗过的痕迹。”客户听张女士这么说，马上道歉：“哦，真对不起，可能是我妻子不小心把我的西装洗了，那我不退了。”

张女士是聪明的，她懂得给顾客一个台阶下。在生活中，谁都可能有错误或失误，这个时候，我们不妨宽容一点，给人一个台阶下。这样你才容易赢得别人的好感和信赖，获得友谊。

4. 不要让自己显得比对方更聪明

聪明，本是一件好事，但是如果你觉得自己聪明，于是处处显露自己的聪明，在别人面前表现自己的聪明，那你就太傻了。19 世纪英国政治家查士德斐尔爵士曾告诉他儿子：“你要比别人聪明，但是不要告诉人家你比他更聪明。”这句话非常有智慧。

为什么既要比别人聪明，又不能告诉别人你比他更聪明呢？这是因为人性的本能是希望自己更出色，如果一个人发现身边有个比自己更聪明的人，那么他就无形中被衬托得不如你。试问，谁希望自己不如别人呢？

有一位年轻的女律师参加一个重要案子的辩论。在辩论中，法官对年轻律师说：“《海事法》追诉期限是6 年，对吗？”年轻律师愣了一下，然后直截了当地说：“不，《海事法》没有关于追诉期限的规定。”

法庭内马上安静下来，气氛似乎降到了冰点。尽管年轻律师的回答是对的，但是法官并不高兴，反而脸色铁青。尽管最后法律站在律师这边，但年轻律师却当众表现得比一位声望卓著、学识丰富的法官更聪明，这对她日后的发展并不利。

毫无疑问，这位律师犯了“比别人聪明”的错误。她在指出别人错误的时候，为什么不能更委婉一点、更高明一点呢？要知道，不少人都有武断、偏见的毛病，不少人还自负、固执，他们不愿被别人当众指出错误，不愿意接受别人比自己更聪明的事实。所以，说话太老实并不明智，因此要学会委婉。

曾有一位先哲说过：“如果你要得到仇人，就表现得比你的朋友优越吧；如果你要得到朋友，就要让你的朋友表现得比你优越。”这句话非常有道理，因为当我们比别人表现得更优秀、更聪明时，别人就会被比下去，就会产生一种自卑感，进而对我们产生嫉妒；而当别人表现得比我们更优越、更聪明时，他们就有了一种重要人物的感觉。

如果你在与人交往的时候，总能让别人从你身上找到一种优越感，获得一种自信和一种重要人物的感觉，那么别人一定会喜欢和你在一起，喜欢和你交朋友。与此同时，如果你能隐藏自己的实力，让对方在不经意间发现你的真实才华，那么别人心里会暗自佩服你，从而更加欣赏你。所以，有实力但不要轻易表现，聪明但不要随意张扬，这是一种做人的智慧。

我们要时刻记住，人都是有攀比心理的，关键是不要凸显自己的高人一等，而要善于把光彩让给别人，这样才能换得别人的认同、支持和帮助。否则，你只会失道寡助，在职场中郁郁不得志。

举个例子，公司来了一位女员工，毕业于名牌大学，自认为学历高，口才好，爱表现自己，不把别人放在眼里。结果呢？大家都看不惯她，不喜欢她。不到一个月，连续碰了几颗钉子，刚进公司时的那股“舍我其谁”的锐气，也被磨得差不多了。这才一点点变得低调起来。

总之，表现得比别人聪明，只能逞一时之快，而得不到长久的认同和支持，还会给自己埋下人际关系的祸根，完全得不偿失。所以，老实女人说话不要太直接、做事不能高调，必须牢记下面几点：

第一，正视自己与他人。

无论你在某方面是否有过人的天赋和才华，都没必要自傲自大，要知道“天外有天，人外有人”。因此，聪明的话还是赶紧调整心态，正视自己与他人的实力对比，保持低调谦逊的态度。

第二，适当地收敛自己的锋芒。

也许你真的有几把刷子，但如果你不懂得收敛锋芒，在职场上也是难以立足的。因为锋芒太露容易没饭吃，容易无形中把别人比下去，容易招致别人的反感。所以，你应该认清形势，分场合、有选择地收敛锋芒，这样才能更好地在职场前进。

第三，允许不同意见的存在。

在日常交往中，很多问题都是仁者见仁、智者见智，没有绝对正确的答案，因此，对于别人不同的意见，你没必要和对方争辩出谁是谁非，不妨包容别人的观点，欣赏别人的观点，允许不同意见的存在，这样才能更好地与人沟通，建立良好的人脉关系。

5. 心甘情愿当配角

现实生活中，腼腆甚至有点木讷的男孩，更容易获得女生的好感；谦逊甚至有些卑微的员工，更容易得到上司的欣赏；善于聆听甚至附和的妻子，更容易得到丈夫的宠爱。

为什么会这样呢？究其一点，这些人甘愿做配角，而把做主角的机会让给别人。反之，如果你处处争当主角，无形中让别人成了配角，那么你就失去了亲和力，你就会变得不受欢迎。

某传媒公司新来一位女员工，她的口才特别好，说起话来就像竹筒倒豆一样哗啦啦地响，又像黄河之水滔滔不绝。她思维缜密、旁征博引、抑扬顿挫，经常把人驳得不知怎么反驳，一时间哑口无言，好没面子。

后来，同事们都不愿和她说话，比如，几个同事在聊天，见她过来了，就纷纷散去。同事们也不再和她争辩，她说什么大家全当没听见，懒得搭理。就这样，这个女员工被大家冷漠的态度孤立了。

或许你真的很优秀，但你不一定要争着做主角。在与人交往中，你要做的是让别人喜欢你，过分张扬，只会招来别人的厌烦，这样很容易把别人比下去。也许你会说："我没有和别人比啊！"对，你本意不是和别人比，但是你成了主角，别人不就自然而然地沦为配角了吗？

所以，还是把主角让给别人吧，你去做别人的配角，让别人在你面前获得一种优越感，他们会更愿意和你打交道，更容易对你产生好感。不要认为配角只能替别人做嫁衣，对自己没有一点帮助。其实不然，只要你有能力，做配角一样可以成就一番事业。

赵本山是大家非常喜爱的"小品王"。谁与他做搭档，无疑都只能做配角，因为他的光芒太过强大，容易把别人的光环盖住，但是范伟不在意这些，和赵本山合作了很多小品。在舞台上，范伟只是想演好自己的角色，事实上他做到了，他把自己的配角演得非常出彩。最后，得到了观众们的认可，最后他获得了在电影《看车人的七月》中扮演主角的机会，并因此获得了第28届加拿大蒙特利尔国际电影节最佳男演员奖。

从努力做好一名配角，到最佳男演员，再到成为影帝，范伟用自己的成功经历告诉我们：只要有才华、肯努力，就算是做配角，也一样会成功。当然，如果你暂时没有出众的才能，你就更应该脚踏实地地做好配角，等到你能力、条件具备时，才有机会做主角。

做配角不可怕，相反，做配角是你赢得人心的好办法。因为做配角表现出来的是一种谦虚的态度、一种合作的态度，很容易让你散发出一种亲和力，给别人留下好感。而且做配角时，你能从主角那里学到想要的东西，主角也愿意和你分享他的处世技巧和工作技能。这样，你会不断提高自己。

那么，怎样做才是一名合格的配角呢？比如，当你碰到大家都能做的事情时，不要抢着做。因为即使你做成了，别人也不会夸奖你，而且你抢着表现自己容易引起别人的不满，影响你的人际关系。但是，当别人做不了时，你及时站出来，这叫有担当。如果你表现得好，那你就很容易赢得认可。

再比如，当你和同事们开会商讨问题时，不要抢着发言，不要做结论性的言论，而应该把这个机会让给领导。而且在你提建议的时候，一定要注意语气，你可以说“我有个想法，不知道对不对……”这样显得你很谦虚、很低调。如果你对别人说：“我决定这么干，你看怎么样?”那你就显得有些狂妄了，容易招人反感。

值得注意的是，在人际交往中甘愿做别人的配角，不是让你一辈子当配角，有能力也不表现。而是说，在你羽翼未丰满的时候，做一名配角更有利于你成长；在你职位低人一等、年龄比别人小、资历比别人浅的时候，做一名配角显得你懂得尊重领导、长辈、前辈；在你与同事、朋友交往的时候，做一名配角显得你谦虚、低调、谦让，更有利于你赢得别人的好感，维护好人际关系。这才是做配角的意义所在。

6. 不要为了面子，充当“全能女孩”

相对男人来说，女人更注重自己的面子，为了自己的面子，有时候也会稍微地装装样子，本来自己囊中羞涩，但是人家一句“这件衣服，你穿上去很显气质”。于是毫不犹豫地打开了钱包。当然，还有另外一类“全能”女人，也会为了自己的面子，不懂装懂，做一些让人觉得可笑的事情。

还记得《粉红女郎》中，四姐妹一起去日本的那段吗?去日本之前，哈妹声称她去过很多次日本，去日本对她来说就像回娘家，因为她对日本的潮流了解得比日本人还多。

当茹男一行到了日本，跌跌撞撞出大厅时，一名司机拿着写着名字的纸张过来，用日语问他们是不是谁谁谁，是不是订的哪家旅馆。几个人傻兮兮地看着哈妹。哈妹不动声色，看上去的确是很精通日语，不住地说着“嗨”，“嗨”了一阵子后，司机请他们上了车。大家都很佩服哈妹懂日语。

不过，只有哈妹知道，自己实际上是稀里糊涂应付的。当司机把一行人带到一个叫做“梦都”的旅馆后，却受到了接待人的呵斥，因为她们不是对方要接的人，那个司机又回去找自己该接的人了。不过这次接人歪打正着，朋友给她们订的旅馆也是“梦都”。

但是以后的事情可就不好“忽悠”了。最终由于哈妹吹牛过了头，在日本她所有的谎话都被拆穿了，而她也因此受到了龚喜等人的责怪，哈妹也觉得自己颜面扫地。

生活中总有些像哈妹一样的女人，为了自己的面子，喜欢不懂装懂，爱吹牛说大话，但是到了最后，谎言被拆穿，不仅让别人嘲笑，更是让自己没有了面子。当然，信用也就大大降低了。

面子是什么？如果不要面子可以生活得更好，我们何乐而不为呢？但是，世事往往是反的，有时候一心顾着面子，最后却搞得自己颜面尽失。千万别再不懂装懂了，承认自己也有无知的时候，没什么丢脸的，没有一个人是全能的，一些看起来很简单的事情，对于你来说，也许并不那么简单。

在生活的小问题上不懂装懂，别人可能只是会心地一笑，不去跟你计较。但是这样的事情发生的多了，人家可能会对你敬而远之。因为在他看来，你是一个毫无自知之明的人，更多的人也会因为不信任你，而拒绝和你交往。所以，我们看到那些喜欢不懂装懂的女人，交际都不是很好。当然，她们可能也会有一些朋友，那些无非是一些和自己一样，爱表现，同样是不懂装懂的，反正大家哈哈一笑，就过去了，但是这样的朋友对自己又有什么帮助呢？

如果这些人在工作中仍旧不懂装懂，那么不仅自己学不到更多的东西，反而可能会给公司造成不好的影响。等到再去对老板说：“老板，我不大擅长……”此时老板肯定火冒三丈，自然不会因为顾及谁的面子，而让他留在公司。因为对老板来说，这样的员工已经丧失了基本的职业道德。

对别人坦白本身就是人的美德，而如果不懂装懂、自以为是，那对别人来说就是欺骗。其实，当自己遇到不明白的事情时，完全可以让别人讲解清楚，请教自己不懂的问题本身就没有什么丢脸的，并且自己还增长了学问，所以，古人说“不耻下问”，也是这个道理。古希腊哲学家也说过：“就我来说，我所知道的一切，就是我不知道。”对于这样学富五车的人都说自己是“我不知道”的，那么对于我们平常之人还有什么可以显摆的呢？

7. 说话看对象——见什么人说什么话

一句话可以把人说笑，一句话也可以把人说跳。语言的力量就是这么神奇，既能给人带来沮丧和恼怒，也能给人带来勇气和欢笑，关键就是看你会不会说话。

我们知道，在与人交谈时，话是说给别人听的，因此，说话时要考虑听话对象的身份地位、个性特点、兴趣爱好等投其所好，这样别人才爱听你说，你才能创造一种和谐、融洽的气氛，达到说话的目的。

俗话说：“看人下菜碟。”说话就应该见什么人说什么话，这不是逢场作戏，也不是曲意谄媚，更不是虚伪狡诈，而是一种高明的说话艺术。其目的是让别人对你产生好感，与他人进行有效地交流，从而达到顺利办事的目的。

身为女人，说话一定要看对象，因为一千个人眼里有一千个哈姆雷特，同样一句话，你说给张三听，张三会笑眯眯地和你握手，帮你办事。

你说给李四听，李四可能勃然大怒，赶你出门。因此，坚持因人而异的说话原则是非常有必要的，有的放矢又措辞准确，才能更好地打动人心。

要想针对不同的对象说对方爱听的话，你在说话之前，就应该大概了解对方是什么样的人。这包括了解对方的身份、地位、角色，还包括了解对方的脾气秉性，以及对方和你关系的亲近程度，等等。

和领导说话，你应该言辞谨慎。这对领导是一种尊重，能让领导感到有面子，有助于赢得领导的好感。否则，一旦语言过激，措辞不当，就容易惹恼上司，这对你没什么好处。

艳艳参加工作不久，有一天，她冲到领导办公室抱怨：“总经理，我工作努力，短时间给公司创造了很好的业绩，大家有目共睹。你为什么不提拔我？不给我加薪？”

领导先是一惊，大怒：“工作努力就了不起了？给公司创造业绩了就了不起了？就冲你这态度，我不会提拔你、也不给你加薪，你爱干不干……”

大多数领导都是好面子的，如果你不顾对方的面子，心急火燎地与之来硬的，无疑是鸡蛋碰石头，事情没办成，反而碰得头破血流。如果艳艳懂得委婉、谦虚地说话，暗示领导提拔自己，给自己加薪，或许更有效。

和同事说话，你应该多一点谦虚，多一点赞美。同事之间，表面上“你好我好大家好”，实际上暗中相互较劲，都希望自己比别人强，因此，如果你与同事说话时谦虚一点，对别人多一点赞美，那么更容易赢得大家的好感，获得大家的帮助。

和男朋友或老公说话，应该多一点理解，多一点鼓励。男人需要被肯定，特别是女朋友和老婆的夸奖，夸奖要切中要害、要适度，不要过分渲染，否则会显得虚伪。比如，有个女人很聪明，她的老公是一位临时工，没钱也没地位。她经常在床头对老公说：“虽然你目前工作不稳定，在单位也没什么地位，但是在这个家中，在我心里，你是顶天立地的男子汉。”这句话给了老公很大的鼓励，让老公充满动力。

和长辈说话，应该多一点柔情，多一点示弱。女人在和父母或公公婆婆说话时，应该做到尊重老人、关心老人、体贴老人，如此，才能让老人感受到晚辈的孝顺，这样你才能和长辈愉快相处。

在日常交际中，女人说话还要考虑别人的知识水平，以保证顺利地交流。比如，有一个笑话，说的是有位数学老师在食堂吃饭时，对窗口的工作人员说：“请给我一又二分之一个馒头。”工作人员只给他一个馒头，他说：“还有二分之一个馒头呢?”工作人员不明白，问：“你要两个啊?”于是又给他一个馒头，他急了：“我要的是一又二分之一个馒头。”工作人员更急了：“你到底要几个？没事瞎捣什么乱啊!”

这位数学老师并不是成心捣乱，而是不会说话，他在说话的时候没有考虑听话者的知识水平，过于迂腐，言语不通俗，难怪食堂的工作人员听不懂，也确实让人感到厌烦。此外，女人说话还要考虑别人的脾气秉性，针对对方的性格特点来组织语言，这样才能搞好人际关系。

与沉默寡言的人打交道时，你最好采取直截了当的方式与之对话，比如，你直接问他：“我有两种办法，第一种是……第二种是……你觉得哪个好?”

与傲慢无理的人打交道，你的语言应该简洁有力，切忌啰唆，因为多说无益，再者，与这种人打交道要小心为上，不要得罪他们，免得吃亏上当。

与优柔寡断的人打交道，你应牢牢抓住主动权，用自信的口气与他说话，多用一些肯定性的语言，多做出回报性的承诺。如此，才能赢得他们的帮助。

与知识渊博的人打交道，你应该多听少说，同时还要适时给予真诚的赞许。说话要抓住要点，不宜废话连篇，这样更容易达到办事目的。

与性格急躁的人说话，要保持饱满的精神，清楚、准确而又有效地回答对方的提问，不宜拖泥带水，否则他们可能失去耐心。

与猜疑心重的人打交道，你要表现出足够的诚意，对他的疑惑和担忧表达足够的重视，比如：“你的担心是有必要的，我也考虑过这个问题……”，等等。这样一来，他会更加信任你，从而给你提供帮助。

8. 准备些“糖衣炮弹”——人人都期望被赞美

美国著名的成功学家戴尔·卡耐基曾在《写给女孩子》一书中说过这样的话：人都有一种倾向，会依照人们给出的评价去生活。如果你对一个孩子说他笨，他可能会比以前更迟钝。如果你赞美孩子礼貌，他将会变得更礼貌。

其实，无论是牙牙学语的孩子，还是白发苍苍的老人，都希望得到来自社会或他人的赞美，从而让自己的自尊心和荣誉感得到满足。这是人类的天性，有位企业家曾说过：“人是活在掌声中的，当下属被上司肯定时，他会更加卖力地工作。”

在日常的人际交往中，女人要学会赞美别人，这是人际交往的最基本技巧，也是最受人欢迎的交际方式。当你真诚地赞美别人时，对方会由衷地感到快乐，并对你产生一种好感。这会使你和对方的距离拉近，从而使你们愉快地交往。所以，为了让你的人际关系更加和谐，请不要吝啬赞美。

悦悦因为在公司里人际关系紧张而苦恼，和同事们互不来往，各自忙着自己的事情，似乎很难知心交谈，她希望改变这种状况，但不知从何做起。

后来，她请教心理咨询师，对方给她一个建议：“从现在开始，试着赞美别人，真心地赞美别人的长处、闪光点。比如，今天你的气色真好！

你的裙子真漂亮！”

悦悦接受了心理咨询师的建议，不久之后，她完全变了样，她和同事们有说有笑，大家都愿意和她交往，她的身上好像有一种无形的吸引力。

一天，公司的王姐剪了一个新发型，她蓄了多年的长发剪成了齐耳短发，但她对理发师的技术并不满意。可是悦悦看到后，第一个带头赞美王姐的短发清爽，说她显得干练了很多，人也精神百倍了。在悦悦的带动下，其他同事也纷纷赞美王姐的发型。

在大家的赞美中，王姐对理发师的怨气一股脑儿全消了。下班的时候，王姐和悦悦一起走向公交车站，她对悦悦说：“今天我本来心情不好的，因为我觉得换的发型太失败了。但没想到你还这样赞美我，真让我很意外。后来我一照镜子，发现短发还真的很清爽，我今天的心情也好了很多。”

赞美有神奇的功效，它能让一个心情糟糕的人瞬间绽放出微笑，能使一个自卑的人马上感受到自己的价值。当你对同事说“你真行，这么棘手的问题，你几分钟就解决了，真让人佩服”时，你仔细观察一下他的表情，那肯定是由内而外散发出来的自豪。这样一来，下次当你遇到困难时，再找他帮忙，他肯定会很乐意相助的。

有人说：“赞美就是糖衣炮弹，赞美别人，等于用花言巧语迷惑别人，让别人喜欢你，愿意和你交往，愿意帮助你。”其实这个说法非常贴切，要想与别人搞好关系，你必须准备些糖衣炮弹，因为人人渴望被赞美。

然而，赞美既有利于维护人际关系，又有利于激发别人的积极性，但是赞美并不是一件简单的事情。赞美别人时，需要掌握一定的技巧，这样才能让别人感受到你的真诚。

（1）先否定再肯定

当你赞美别人时，如果只是平铺直叙，那么效果是有限的。如果采用先否定再肯定的方式赞美别人，那么效果会大不相同。比如，你对别人说：“我很少佩服别人，但你是个例外。”然后，你再把佩服他的理由讲出来，他一定会非常高兴。

（2）赞美别人得意的事情

每个人都有自己得意的事情，如果你主动去赞美别人得意的事情，那么别人一定会对你充满好感。例如，同事今天以非常实惠的价格买了一件漂亮的衣服，正在为此沾沾自喜，这时你过去赞美她的衣服漂亮，夸奖她会买东西，话里话外表达对她的佩服。

（3）要注意赞美的时机

赞美别人的时候，一定要注意赞美的时机，以尊重对方的感受为原则。当别人情绪低落或不顺心的时候，你过分的赞美反而会让对方觉得不真实。所以，在赞美之前，一定要考虑对方的心理状态，注意赞美的时机。

（4）学会在背后赞美别人

当面赞美别人，虽然能让人感到高兴，但最让人感到你的真诚，最容易让人对你产生好感的，莫过于在背后赞美别人。因为当面赞美别人，别人可能觉得你是在有意讨好他，而你在背后赞美别人，别人则会相信这是完全发自真心的，是没有水分的。因此，背后赞美别人，更容易打动别人。

第九章 最重要的还是经济独立和主动权

俗话说：“靠山山要倒，靠人人会跑，靠自己最好。”尤其是对女人，只有经济上独立了，口袋鼓起来了，你才会获得心理上的安宁，才有资格谈尊严、谈人格、谈人生、谈幸福。所以，从现在开始，比相信男人更相信钱吧，男人的花言巧语只能哄你开心一时，你口袋里的钱却能让你的内心踏实一世。

1. 嫁个有钱人，不如自己变有钱

在这个现实的社会，不少女人幻想嫁给一个有钱人，好让自己下半辈子衣食无忧，不用辛苦工作照样可以有花不完的钱。可是，女人们，你们是否想过这样的问题：你有什么资本赢得有钱男人的青睐呢？你有什么魅力让男人一辈子爱你，并心甘情愿为你掏腰包呢？当然，或许你将来会嫁给有钱人，但是在这之前，请放下你不切实际的幻想，踏实地工作，努力让自己变成有钱人，这比把希望寄托于男人更靠谱。

有位25岁的女孩曾在网上写了这样一篇文章，文章的题目是“我怎样才能嫁给有钱人？”在文中，她自称非常漂亮，谈吐文雅，生活有品位，她想嫁给一个年薪50万美元的男人。女孩说：“或许你会说我贪心，但是很多人年薪上百万美元，因此，我觉得这个要求并不高。”

女孩表示，她是诚心诚意来请教各位网友的，问题如下：

第一个问题：有钱的单身男人一般在哪里消磨时光？请把酒吧、饭店、健身房等名字和详细地址告诉我。

第二个问题：我应该把目标定在哪个年龄阶段的男人？

第三个问题：有些富豪的妻子相貌平平，毫无吸引人的地方，但她们是怎么嫁入豪门的呢？为什么单身酒吧里的那些美女却无法嫁入豪门？

第四个问题：你们是怎么判断什么样的女孩适合做妻子，什么样的女孩只适合做女朋友？我现在的目标是想结婚，请问你们会选中我吗？

与幻想一夜暴富、一夜成名的人一样，如今幻想嫁入豪门的女人并不少。她们或许长得天生丽质，或许气质迷人，或许谈吐高雅，但是有了这些特质就能吸引有钱人吗？答案是，不一定。如果真的把有钱男人吸引住了，女人们难道不担心男人只是和你“玩玩”吗？试问，这样的男人靠得住吗？所以，还是醒醒吧，不要把自己后半生的幸福寄托在男人身上，否则你就太傻了。

对于上面那位女孩的网络求助，网友是怎么回答的呢？其中有位网友给出了非常犀利的答复，相信你看完之后，一定会有深刻的感触。下面就是这位网友的回帖：

“亲爱的女士，我带着极大的兴趣看完了你的帖子，我相信很多女士和你有类似的疑问。我是一个投资专家，让我以投资专家的身份来分析你的处境。目前我的年薪50万美元，我符合你的择偶标准，所以，我不是在浪费大家的时间。

“如果我把婚姻比做一笔生意——请不要生气，结婚就是一笔生意，是一个大的经营决策。如果我娶你这样的女人，那将是非常糟糕的。为什么呢？抛开细枝末节，娶你就等于是在用我的钱财和你的美貌做交易：你提供迷人的外表给我，我出钱养你。公平交易，童叟无欺。但是，你的美貌会随时间消逝，而我的钱财不会无缘无故减少，事实上，我的年薪每年都会增加。

“因此，从经济学角度来看，我是增值资产，而你是贬值资产。在未来的5年里，你还可以保持窈窕的身材，动人的容貌，但以后呢？你的身材和美貌每年都会退步。你就像一只股票，不能长期持有，因为它未来会贬值。这听起来很残忍吧，所以，明智的人会选择租赁，而不是购入。要知道，年薪超过50万美元的人可不是傻瓜，他们只会跟你交往，但是不会跟你结婚，所以，我劝你不要幻想嫁给有钱人，也不要刻意寻找有钱人。相反，我建议你想办法把自己变成有钱人，这比嫁给有钱男人胜算大得多。”

从这位网友的分析中，你是否发现：原来嫁给有钱人并不是容易的事情，事实上，在我们生活中，又有几个女人能钓到金龟婿呢？真的很少很少，可是，女人不能没有钱，没有钱的女孩就像莫泊桑小说《项链》中的女主人公玛蒂尔德，连一件像样的衣服都买不起，更没有像样的珠宝首饰，连参加一个舞会都要厚着脸皮去借项链，以至于酿成了那样的悲剧。试问，你希望过这样的日子吗？

退一步讲，纵然你运气好，嫁给了有钱的男人，但你自己没有钱，没有事业，没有工作，你好意思每次都向男人要钱买这买那吗？可能你会说："这有什么啊？女人本来就应该被男人宠、被男人养，向男人要钱是天经地义的事情。"或许不少女人都有这样的观念，但是这种观念注定会造成婚姻生活的不幸。

孔老夫子曾经说过："君子爱财，取之有道；君子爱财，更应治之有道。"这句话适用于君子，更适用于女人。女人渴望成为有钱人，不外乎嫁给有钱人，或者自己成为有钱人。但聪明的你，还是趁着年轻，趁着这大好的时光去奋斗吧，努力把自己变成有钱人。这才是你一辈子幸福的物质保障。

2. 经济独立，才能让你更有魅力

人活在世，不能没有钱，女人当然也是如此。在生活中，我们经常听到女人说："男人找个好女人至少可以奋斗10年，女人找到个好男人可以幸福一辈子。"放眼看一看这个残酷的现实社会，再想想这些话，似乎很有道理，也被很多女人接受。

然而，事实果真如此吗？在这个男女平等的时代，女人不再是男人的附庸，女人的幸福生活不再靠男人。有句话说得好："靠山山倒，靠人人跑，靠自己最好。"女人要有独立和坚强的一面，要有自己独立的经济来源，这样女人才能更有魅力，才能吸引到优秀的男人。

聪明的女孩明白，在恋爱中，不能总寄希望于男人给自己钱花，否则有损自己的形象。这并不是说你和男朋友出去吃饭，每次抢着埋单才叫独立与自尊。绝大多数男人是愿意主动埋单的，但如果女人偶尔礼尚往来一下，男人更会觉得心满意足。不随便花男人的钱，也不等于平时不接受男人赠送的礼物，否则显得不近人情。比如，香水、玫瑰、巧克力等，女人还是应该开心地收下，因为这些小东西不会让人觉得烫手。

而有些女人则与之相反，她们自己经济不独立，反而抱怨男人不给自己花钱，愚蠢地以男人给自己花多少钱来衡量男人爱自己有多深。曾在网上看到这样一个抱怨的帖子：

一个女孩毕业之后，两年内没有找到合适的工作，平时花钱找父母要。在这段时间内，她交了一个男朋友，男朋友的家境有些贫困，他踏踏实实地工作，为的是攒钱买房。平时，他只是适度地给女孩买礼物，比如，买一些不是很贵的礼物，玫瑰花、衣服等，偶尔带女孩去看电影。

对于男朋友的表现，女孩并不满意，她抱怨男朋友的礼物太平常，显现不出对她的爱。她要求男朋友带她去高档餐厅，要男朋友给她买苹果手机，男朋友拒绝了。结果，她和男朋友大吵一架，然后和男朋友分手了。

你认为这样的女孩很有魅力吗？现实生活中，很多女人用男人愿不愿意为自己花钱，作为考察男人爱不爱自己的标准。殊不知，这种判断标准有多么不公正、不客观。要知道，男人愿不愿意为女人花钱，这与男人的自身收入、家庭状况、理财方式等，有很大的关系。

俗话说：“拿人手短。”在恋爱中，男人给钱、花钱是讨好与献媚，有时却包含着轻蔑和施舍，女人拿了男人的钱，还有底气在男人面前抬头挺胸，大声说话吗？所以，作为女人，与其抱怨男人不给自己花大钱，为何不先让自己的经济独立起来呢？这样的女人在恋爱中更有魅力。

对于结婚的女人，同样需要经济独立。在中国传统观念里，男人养家，女人持家，如果你今天还有这种观念，那么你就毫无独立性可言。

很多女人结婚生子之后，彻底放下了工作，被家庭束缚，成了全职太太。其实，女人只要有独立的精神，即便结婚生孩子了，也可以拥有一份独立的工作，保持经济上的独立。关键在于，女人愿不愿意去工作。

有些女人认为，如果男人会赚钱，女人还去辛辛苦苦一个月挣个千儿八百的，这不是找罪受吗？其实不然，对女人来说，拥有一个独立的工作是必然的。因为有了工作，有了事情可做，生活才会变得充实起来，才能与社会保持同步，才不会落伍，这样生活才会充满情趣。

3. 有财力的女人才能活出优雅

拥有再多的金钱死了也不会带走，可是，为什么人还想要更多的钱呢？因为金钱不仅能让人获得物质享受，还能让人获得精神上的满足，让人活得更有尊严。所谓尊严，指的是在社会中得到他人的尊重，被周围的人看得起。

要知道，人性的弱点是嫌贫爱富的。当你穿着破旧的衣服去逛高级服装店时，恐怕你得到的除了白眼还是白眼。相反，如果你穿着一身优雅得体的套装，挎着名牌皮包，或许你只需在服务员面前稍微停留一下，就会得到服务员的笑脸相迎和热情接待。所以，对女人而言，要想活得优雅，就必须有财力。

一位法学院的女大学生在北京某个检察院实习期间，与一位检察官产生了一段恋情。后来因为工作原因，两人分手了，但是彼此仍然断断续续地保持着联系。女大学生在上海一家律师事务所工作，过了一段时间之后，她已经在行业内小有名气了，有车有房，生活无忧。

可是，这位女子一直没有忘记那位检察官。一天，她终于忍不住打电话给那个检察官，恰巧那位检察官在上海开会，于是她迫不及待地去了检察官下榻的宾馆。

赴约之前，该女子为了保持当年的学生模样，特意穿了一身陈旧的服装，把自己打扮得像个下岗女工。当她怀着兴奋的心情来到宾馆时，那位检察官见她那身打扮，以为她的经济条件不太好，就问：“你现在做什么工作？”女子说：“我失业了。”

检察官害怕了，以为女子是找他来要钱的，于是对她说：“我这次出差没有带多余的钱，恐怕要让你失望了。”女子听了他的话之后，非常生气和失望，原来他把自己看成了出卖肉体的女人。她愤怒地忘记了自己的伪装，出门直奔自己的小轿车，这时检察官才意识到自己“有眼无珠”。

这个故事真实地反映了这个现实的社会，它告诉了我们一个道理：钱对女人来说真的很重要，一个女人没有钱，即便是关系亲密的恋人，也不会把你当回事，不会真正尊重你。

钱对一个女人来说，意味着很多。有了钱，女人才可以体面、有尊严的生活。女人有钱，才不会为了生计而走上歧路，才不会害怕男朋友抛弃自己，才不会自己看不起自己，才不会害怕自己低人一等。当然，这个财富应该是自己奋斗得来的。

当你有了钱之后，你才不会局限于那些习以为常的娱乐休闲项目，你可以选择游山玩水，选择自驾旅游，选择户外探险；你还可以玩玩网球、壁球、高尔夫；你还可以去蹦迪、跳伞、漂流；你还可以参加舞会，观看演唱会，欣赏音乐会，等等。总之，你可以做你想做的事情，尽情地秀出你自己的个性。

当你有了钱之后，你休闲的时间自然会多起来，你不必整天想着请假一天要扣多少钱，也不用担心水电煤气费是不是超支了，也不用担心那天不上班生计会出问题。你可以完全自由地选择出行的时间。就像下面这位女客户一样：

一位会计与一个女客户约好一周后为她清理公司账务，但是因为女客户前一周去马尔代夫度假了，因此，女客户只好把时间往后推一周。可是，当会计第二周去去找女客户时，女客户仍然没有回来，直到三周后才回来。会计问："你怎么去了那么久？"女客户说："我在马尔代夫度假，那里天气太好了，我就多待了两周。"

你羡慕这位女客户吗？她想多待两周就可以多待两周。也许你会进而想到自己：我的工作不容许在外多待两周，我外出度假还要请假，还会扣工资，我的时间被老板买去了。其实，大部分职业女性和你一样，大家都难以随心所欲地支配自己的时间，这是因为我们不是有钱人，我们还没有雄厚的财力支持我们享受自由与独立。没钱不要紧，重要的是认清这个问题，从现在开始去努力。

当然，女人要有财力才能获得优雅，并不是要你成为李嘉诚、比尔·盖茨，也不是非要你自己创业，拥有一份雄厚的事业，而是说你要有自己的一份工作，而且是自己喜欢的工作。这不仅仅是将其当做一项谋生的途径，更是把它当成一份事业，在这份工作中你获得的不仅是金钱，还有实现人生价值的满足感。当你需要什么时，结合自己的经济能力去买吧，那时候你就能体会到生活赋予你的意义了。

4. 通往财务自由的第一步——对钱负责任

每个女孩都希望成为有钱人，要想成为有钱人其实不难，第一步就是对钱负责。怎样才算对钱负责呢？用一句话总结，就是：该花的钱有计划地花，不该花的钱坚决不花。话虽如此，但是做起来并不容易。

现在很多女孩初入职场，告别了吃父母、喝父母的年龄，开始自给自足。因此，花钱的时候也显得更加有底气。然而，虽然花钱很洒脱、很享受，但是只顾着做月光族，没有长远的眼光，对生活没有规划是不行的。这样永远无法成为有钱人。

如果你想成为有钱人，除了会赚钱之外，还必须会理财。一个会赚钱却不会理财的人，永远不会成为有钱人。因为赚多少花多少，钱就在自己手中溜一趟，最后还是两手空空。当你需要用大钱的时候，你却拿不出钱来，这样你也难活得潇洒。无数富有之人的成功经历告诉我们，要想积累财富，提升生活的品质，就必须学会对钱负责。

有个女孩小时候吃惯了“皇粮”，不管什么时候，似乎没有缺过钱花，日子过得很滋润。结婚之后，她那大手大脚花钱的习惯依然没有任何收敛，是典型的月光族。碰到多日不见的朋友，她往往宁可自己下个月饿着，也不会亏待朋友。

逛街的时候，看到那些琳琅满目的服装，她总是毫不犹豫地买下。每次购物回来，她总是双手提满衣服。有些衣服买回来之后，她只穿过一两次就搁在衣柜里了。丈夫曾不止一次提醒过她：“不要乱买衣服了，要适度一点，尽量存一些钱吧！”

每次她都会义正词严地反驳：“我又没花你一分钱，你管不着，再说了，你一个大男人，存钱是你的事情，我花自己赚的钱就行了。”因为这个问题，丈夫没少和她拌嘴，但她从来都是不以为然……

处于风华正茂的好年龄，女人总免不了追求漂亮的衣服、鞋子、包包以及各种各样的首饰，女人爱美，无可厚非；女人花自己的钱，值得尊重。但是，成家的女人作为家庭的一分子，有必要对金钱负责，理智地花钱。

举个例子，如果你的化妆品还没用完，就别急着买新的；如果你的手机还没旧到拿不出手，就别跟风换新款手机，不妨把钱省下来用于理财投资，让它生出更多的钱，等到关键时刻再用，这样岂不是更好吗？

女人要想财务自由，就要学会对钱负责，可以从以下三个方面来改变你的消费观念：

第一，要有预算的观念。

很多女人碰到超市搞促销、碰到网店搞活动，就疯狂地购物。花了多少钱自己心里没底，等到买了之后才发现口袋空了，才懊悔钱太不经花，但是并没有反思自己的消费行为。比如，有个女孩趁着“双十一”（11 月 11 日）这个特殊节日，趁着网店搞活动，居然一口气买了 2 万元的商品，气得丈夫要和她离婚。这种盲目消费的行为就是缺乏预算观念的表现。

一个没有预算观念的女人虽然可能买到很多意外的战利品，但是每个月的支出账单上都可能有意想不到的天文数字。而懂得预算的女孩则是有计划地花钱、有节制地花钱，比如，每个月给自己一笔具体的钱用于购买服装，保证不超支，这样才能有效地掌控自己的财务。

第二，追查每一笔支出的来龙去脉。

有个女士说，她以前经常半夜查账。有时候，为了一笔 500 块钱的账，她会花半个小时来核查它的来龙去脉。如果这 500 块钱的支出在支出项上，她就能很清楚地知道钱花到哪里去了。可见，追查每一笔支出的来龙去脉，对掌控财务非常重要。

怎样追查每一笔开支的来龙去脉呢？最好的办法就是做好存折管理，因为大部分人都把钱存在银行，存折上会记载资金的进出。聪明的女人每个星期可以刷一次存折，或在网上银行查看金钱进出的状况，只要 5 分钟，你就能了解自己每笔钱的来往状况，进而提醒自己开源节流。

第三，养成记账的习惯。

对金钱负责的最好办法是养成记账的习惯，把日常生活中的每笔开销都记在账本上。账本上清楚明白地写着“做什么事，花了多少钱，花钱的日期”，为了方便阅读，你可以画出简单的表格，每个星期检查这个账本，反思自己的消费行为中是否有盲目冲动、不合理的消费。然后在接下来的日子里消费时就会注意，从而节省开支。

5. 聪明地消费，拒做“buy 金女”

春暖花开、风和日丽的天气里，女人最爱约上几个朋友逛街，她们走进商场，走进小街，不放过任何一个小店。女人似乎天生就是这样一种动物，没事干的时候就想逛街、想购物，而且经常能在一家店里停留半天，当导购或同伴说“你穿这件衣服真漂亮，这件衣服好像就是为你量身打造的”时，女人就彻底失去了抵抗力，迫不及待地试穿衣服……

逛街回来之后，女人才猛然发现：原来自己并不喜欢这件衣服，因为上周买的衣服还在衣橱里没穿呢！而且刚买的这件颜色，自己不是很喜欢，领口处的褶皱过多，怎么看都不顺眼，此时才心生悔意。

其实，你可以聪明地消费。在决定消费时，首先要考虑自己到底是否需要，买自己需要的东西，这才是明智的选择。很多女人看见好看的东西就买，但买回来之后，这个东西可能自己并不需要，或者说需要程度不高。比如，有的女人见到漂亮的裙子就买回家，可是家里已经有很多裙子了，有些裙子还没穿过；有些女人到景点游玩，见到小玩意儿就买，买回来之后发现对自己并没有多大的用处。这样的花销完全可以省下来，为什么偏要花掉呢？

可是，很多女人并没有察觉到自己的消费无度。那么，到底怎样才能判断自己是不是“buy 金女”呢？你可以从以下几点来审视自己：

（1）你的衣橱里有超过 5 件以上没有穿过或仅穿过一两次的新衣服吗？

（2）你的心情变化很快，每次花钱之后，你的心情会低落吗？

（3）当你走进商场，准备购物时，你的内心会异常兴奋吗？

（4）你把别人的婚礼或某个活动当成购物的借口，而不是着重分享别人的幸福和快乐吗？

（5）你每个月的收入都花完了，几乎分文不剩，甚至债台高筑吗？

如果你的消费行为符合以上几种情况，那么你就有必要提醒自己理智消费了。如果你继续“buy金”下去，你就会离有钱人越来越远，相反，你的生活会变得非常狼狈。就像下面这个女人一样。

有个女人年薪近百万，但是三年下来，她不但没有任何积蓄，相反却欠了两百多万的信用卡债务。她从事的是出口贸易工作，每个月收入八万多元，有时接到一个大单，奖金就有几万块。她觉得赚钱很容易，但上班压力很大，因此，下班之后她就会尽情地购物以犒劳自己，她会买名牌包包、套装及首饰，每次购物就会花掉几万块。但又没有记账，因此，每个月赚八万却花十几万。结果，三年下来，她居然欠债两百多万。

男朋友接受不了她大手大脚的消费习惯，觉得跟她在一起未来没有希望，于是提出了分手。31岁的她为了还清欠款，不敢随便换工作，每天上班小心翼翼，生怕表现不好被公司裁掉……

女人在心爱的东西面前往往智商为零，分不清东南西北，也忘了自己的经济承受力，经常花不该花的钱、买不该买的东西。这实在不是什么聪明的举动，说白了简直有点暴殄天物。一个女人的幸福与她赚钱的能力固然有很大关系，但与她花钱的习惯也有很大的关系。女人会赚钱还要会花钱，要学会少花钱、买好货，以尽量少的钱为自己谋最大的福，这才叫聪明消费。

女人喜欢漂亮的衣服、鞋子、包包等无可厚非，但这不是盲目消费、疯狂购物的理由，不能为了衣服、为了满足自己的虚荣心而将自己的生活费全部搭进去，更不能把孩子的奶粉钱变成自己的化妆品。所以，女人在花钱之前，一定要问自己：这件商品我真的需要吗？这样的价格我真的承受得起吗？买了这件商品之后，我还有足够的钱用于其他用途吗？

事实上，聪明的女人虽然也爱花钱，但是她们花钱有智慧，懂得精打细算，尽可能节省一点。比如，几个姐妹看电影，购票时发现影院规定20人以上的人可按团体票优惠，于是她再等一会儿，凑齐20人之后，然后大家一起去买票，这样就省下了一笔钱。类似聪明的消费，在现实生活中还有很多，你完全可以去挖掘出更多“聪明的消费法”。

6. 让信用卡成为“可持续幸福”的来源

相信很多女人都知道知名歌星黄品源，此人当年凭借一首《你怎么舍得我难过》红遍大江南北。但是后来因为唱片市场萎靡，他没有出片的机会，也没有了收入来源。在两年的时间内，他靠着刷卡度日，贷款近400万台币，相当于一百万人民币。

后来，黄品源回忆起这段日子时，说了这样一段话：“我不是花很多钱买名牌或是大鱼大肉的人，只是要供楼及应付家庭的开销。但我真的是两年没工作，一个艺人完全没有工作是很可怕的，那段日子我想过退出，现在总算熬过去了。”

黄品源刷的是什么卡呢？答案是信用卡。近年来，信用卡像雨后春笋般涌现，很多人的口袋中、钱包中都有信用卡，这其中有很大一部分女人有信用卡，有些女人甚至有多张信用卡。信用卡的最大好处就是便利性，可以缓解持卡人手头紧张的窘境，持卡人无须带太多现金，就可以轻松进行消费。

众所周知，女人是消费需求最旺盛的群体，信用卡的出现，无疑对女人消费起到了推波助澜的作用。再加上发卡机关的炒作，很多银行都开设了刷卡积分兑奖活动，这无疑又刺激了女人刷卡消费，使女人陷入信用卡购物的疯狂噩梦中难以自拔。所以，如果你不清醒地认识信用卡的利弊，不理智地对待刷卡消费行为，那么你的幸福生活将被埋葬。

那怎样才算合理使用信用卡呢？下面几点值得你注意：

第一，卡不在多，一张足矣。

现在申请信用卡的条件越来越开放，要求也越来越低，很多女人的钱包里有一大堆信用卡。但是，信用卡并不是越多越好，如果一张信用卡就能满足你的消费需求，何必要那么多张呢？而且卡多了还会给你造成一种错觉：每张卡都可以刷，貌似自己很有钱，这样就很容易助长你的消费欲望。

还有一点非常重要，因为每一笔信用卡消费，都有还款的期限。你的信用卡太多，你的消费太多，你能否在规定的还款期内及时还钱呢？这是一个大问题，所以，不要满足于一时的消费欲望，等到要还钱时你却没钱，这样你就会变成一个“卡奴”，被信用卡牵着鼻子走，每天要绞尽脑汁还钱。

因此，要想避免成为卡奴，要想避免被信用卡卡住生活，就必须减少没必要的信用卡，这样可以减少你胡乱消费的概率，也可以提高你理财记账的效率，使你集中管理每笔支出，这是有效理财的第一步。

第二，刷卡消费，量入为出。

刷卡消费要结合自己的实际情况，要根据你的收入情况来确定。比如，你的月收入是 4000 元，日常生活开支 1500 元，固定存下 1000 元，还剩 1500 元可供自由支配。在这种情况下，你每个月的刷卡最高额度应控制在 1500 元，不得超过 1500 元，否则你还款就有压力了。在 1500 元之内，你可以随便刷卡，只要在规定的还款日之内把钱还了就行。总之，刷卡的原则是量入为出，不能盲目乱刷。

第三，保留刷卡签单。

刷卡很潇洒，但刷卡之后别忘了保留那张签单，而且每个月记得核对当月的账单。这样有两个好处，一是你可以知道每个月的刷卡消费情况，二是账单上每一笔让你“心痛”的消费都能提醒你理性消费。

第四，任何情况下都不要取现。

记住，从信用卡上取现是要付手续费的，即便你把取出来的钱再存到信用卡上，也需要收费。要知道，信用卡不是存折，提现对你没有好处。每次提现都会支付手续费，你可千万不要在乎那点手续费，积少成多，就是一笔很大的开支。而且你可以把手续费和提现金额对照一下，你就会发现这个手续费的比率很高，保证你会“心痛”。

第五，到还款日才还款。

信用卡是银行无偿借钱给你花一段时间，你在规定的期限内还钱就行。因此，这是一个非常好的工具，不用白不用。不过，使用信用卡时，一定要到最后的还款日再还钱，因为你的钱在自己的账户里是有利息的，早给银行一天，你就少一天的利息。不要小看这些利息，要知道我们都是小老百姓，锱铢必较是有必要的。

另外，如果还款日那天，你有事无法及时还款，你可以拨打银行的信用卡客服热线，把你无法还款的原因说明一下，要求延缓一两天，一般来说都是可以的。但是要诚实，说好延缓一两天，一定要在一两天内还钱。因为信用卡就是“诚信”的，你诚实才有资格使用它。

第六，重视积分兑奖活动。

信用卡越来越多，银行之间的竞争越来越激烈。办卡时一般都有小礼物，有的礼物还相当不错。另外，每使用信用卡消费一次，都会获得一些积分，这些积分累积起来，可以参与银行定期或不定期举办的兑奖活动、折扣活动。这些你可以打听清楚，不要错过这些活动，虽然没什么大不了的，但积累起来也可以为你省下不少钱。

7. 聪明女人会投资——钱生钱才能赚大钱

女孩都想当有钱人，可是你想过：有钱人在富有之前是怎样对待金钱的吗？会赚钱的人绝对不会把钱放在家里，因为那样的话，100 元永远是 100 元，而且随着通货膨胀的加剧，100 元放在那里还会贬值。所以，把钱放在家里是愚蠢的。那么，怎样才能让钱生钱呢？

所谓以钱生钱，以利滚利，其实就是我们常说的理财投资。理财投资是一种能力，每个平凡的女人都应该去了解和学会运用。俗话说“你不理财，财不理你”，人与财是要互动的。女孩要想变成有钱人，就应该掌握与财互动的本领，学好投资理财这门课，如此你的“富人梦”才有可能成真。

说到这里，有些女人可能要翻白眼了，说：“我这么穷，一个月才赚一千多块，就算省吃俭用，也要花掉九百，我怎么理财啊？”其实，理财的关键不在于钱多钱少，不是说你有几百万了才可以理财，你只有几百块却无法理财。这完全是个误解，相反，你钱越少就越要理财。

一般来说，刚步入职场的女性收入有限，你可以计划每月存下几百块钱，利用银行零存整取、综合存款等存款方式，先把小钱攒成“大钱”，再利用这笔钱去投资。如果你不想承担投资的风险，只想稳稳地赚钱，那就把钱放在银行存定期吧。这种理财方式的风险最小，收益也不高，但是只要你坚持，时间久了那也是一笔可观的财富。

当然，理财投资的方式有很多，女孩可以看看下面几种理财投资方式。

方式1：银行储蓄

银行储蓄是最安全可靠、最灵活方便的理财投资方式，除了定期储蓄和活期储蓄，银行还推出了不少衍生产品，比如，通知存款、约定转存等，这些都是不错的储蓄理财产品。只要你的方法得当，储蓄也可以让你的钱生钱。

打个比方，你存3万元，可以把1万元存1年定期，把1万元存两年定期，把1万元存3年定期。一年之后，用到期的1万元再开设一个为期3年的定期存单；再过一年，把那个2万元的到期存款开设为3年的定期存单，以此类推下去。3年之后，你就有三张到期日相差一年的3年的定期存单。这种储蓄方式既能应对储蓄利率的调整，又可以获得更高的3年定期存款利息。如果遇到突发事件需要用钱，可以取出一份定期存款，这样不至于损失太多的利息。

方式2：购买基金

有人说，基金是最稳定的投资方式。很多基金公司与银行开展合作，你去银行就可以开通基金账户，每个月存入约定的金额到银行账户，这笔资金会在存入当天自动转换成一定的基金份额。这种基金申购一般每月最低投资金额100元到1000元不等，不设最高金额上限，因此，对于初入职场的女性或余钱不多的女人来说，可以考虑每月节省几百块钱购买小额申购。如果基金市场状况良好，那么一年累计下来，你将获得一笔不小的收益。

方式3：购买万能险

万能险是介于分红险与投连险之间的一种投资型寿险。这种投资方式的价值计算有一个最低的保证利率，目前的保底收益在2.5%左右。除保本收益外，万能险每个月还能获得结算利率。目前的结算利率普遍比一年的定期存款利率高，有的甚至超过5年期存款利率。

方式4：购买国债

投资国债被认为是最安全的投资工具。我国的国债分为凭证式国债、记账式国债和电子储蓄国债。其中，第一种国债和第三种国债不能上市流通，没有信用风险和价格波动的风险，其利率也比同期储蓄存款利率高。另外，国债免缴利息税，而银行存款要缴纳5%的利息税。而记账式国债是上市交易的，可以随时买卖，收益相对较高，但是保本功能随之下降，有一定的风险。

方式5：投资股票

股票是风险最大的一种投资方式，但它的收益也是最高的，正所谓“收益与风险成正比”。投资股票考验的不但是一个人的智慧、运用信息的能力，更是对一个人心理素质的考验，其中的深奥哲学不是三言两语能讲清楚的，但奉劝女人一句：投资股票要保持平常心，不要抱着“一定要赚钱”的想法投资股票。

总而言之，女人在选择这些理财投资方式时，一定要认清自己，要以自己的需求为出发点，不要盲目听信别人。要知道，每个人的经济能力及风险承担能力都是不同的，因此对应的投资策略也不相同，但只要掌握了基本的投资规律和法则，选择适合自己的投资方式，你就能稳稳地赚钱。

8. 准备好三大资产，就能一辈子不缺钱

人们常说：“身体健康，平安幸福，就是自己最大的福气。”但事实上，在身体健康的前提下，摆在我们眼前的，还有五花八门的花销，还有子女昂贵的教育费用、房贷、车贷，还有每天的开销，这些足以让我们感到压力重重。那么，怎样才能保证一辈子不缺钱花呢？为此，我们需要做哪些准备呢？

著名理财规划师刘彦斌曾说过，人这一辈子要准备好三大资产，才能保证一辈子不缺钱，这三大资产包括保障资产、退休资产、投资资产。

保障资产是指我们努力工作换来的固定收入，从这笔收入中拿出一部分预防不幸事件降临到自己的头上，比如，家人或自己得了重病，或遭遇意外事故等。要知道，这类事件必然会造成大额支出，如果没有这笔保障金，要想东山再起，就非常难了。这笔保障资金也就是人们常说的保险，当负面事件发生时，保险可以带我们走出困境。趁年轻、身体健康时，把收入的5%～8%作为保障资产，可以较好地应付突发情况。

有了保障资产后，女人还必须考虑退休资产。因为就算你有养老金，你也不能完全指望它，你必须通过追加养老金或储蓄来筹集退休资金。退休金是很重要的资产，不能把它与别的资金混在一起，更重要的是，你要从现在开始，准备退休资产。一般来说，要把月收入的15%作为退休资产。

第三大资产是投资资产，这笔资产包括一家人住的房子、子女的教育费用、结婚费用、剩余资金等。很多人认为自己的全部资产都是投资资产，但实际上，投资资产指的是那些没有债务关系的可动用资产。如果你的房子是向银行贷款买的，你每个月还要还房贷，那么你的房子就不能成为投资资产。

只要准备好这三大资产，这一辈子就不会遇到经济上的难题。如果发生意外或得了大病，保障资产可以保护你的家人；如果退休后失去了固定收入，退休资产和投资资产就能保护你本人。

为了获得这三大资产，女人有必要从以下三个方面来努力：

第一，做好本职，蓄势待发。

每个女人都要认清自己，既不可高估自己，也不能贬低自己。要对自己的优势和特长进行合理的分析评估，找到与自己特长相关的工作，在本职工作中提升自己、锤炼自己，让自己有能力随时迎接可能降临的发财机会。要相信，只要你用心工作，总有一天，你会在自己的工作上获得成就。

现在很多女人“高不成，低不就”，“吃着碗里，看着锅里”，频繁地换工作，忙忙碌碌，到头来却一事无成，一辈子不会与富有沾边。这种情况每个女人都要避免。

第二，盘活资源，合理分流。

每个女人都知道只有让钱生钱，才能快速走上发财致富的道路。可是作为工薪一族，女人手里的钞票毕竟是有限的，如何才能让钱生钱呢？有些人把多年的积蓄投入到股市，想着在股市大捞一把。可是股市的变化太快，还没等她们回味过来，她们的资金就少了一大半。

其实，投资股市并没有什么错，错的是把所有的鸡蛋放进了一个篮子，错的是有一颗渴望暴富的心，错的是发财致富太急于求成。正确的做法应该是，合理地支配手中的投资资金，在安排好家庭保险、孩子教育经费、意外资金之后，把剩下的资金用于投资。这样才能从容面对投资风险。当你赚了时，不会贪念更多；当你赔了时，你可以耐心等待股市回暖。相信在你的从长计议下，你的“钱途”会一片光明。

第三，利用强项，创造财富。

每个人都有自己擅长的地方，女人要对自己的学识、爱好、优势等进行认真的分析，然后制定出淘金计划。如果只是盲目跟风，那么十之八九会失败，甚至可能血本无归。从自己身上挖掘宝藏才是最靠谱的。

小楠是一家杂志社的美术编辑，主要负责杂志的封面设计、内文的排版等工作。一次，一位朋友创办工作室，请她帮忙设计几张宣传单。当她设计完之后，朋友给了她 500 元的酬金。当时她灵机一动，马上想到利用自己的专业能力赚点外快。

从那以后，小楠开始联络以前的同学，让他们帮忙介绍相关的设计工作。由于她的很多大学同学都是干这行的，也了解小楠的水平，因此，大家就把平时做不完的活或做不好的活给她做。一张彩色的平面设计图样大约 400 元，小楠只要两个晚上就能搞定。

那年国庆节前期，有个当公务员的同学请小楠为单位做了一本100多页的画册。小楠花了一个月的时间，赚到了8000元。就这样，小楠在空余时间利用兼职赚了不少钱。

每个人都有自己的一个储钱罐——“钱猪”，里面存储着你某方面的经验或才能，只要你充分利用这个钱罐里的强项，努力把它做大做强，你就可以和财神爷拥抱。当你和财神爷拥抱之后，你就可以充分准备好三大资产，让你的一生不缺钱。

第十章 气质如兰，风韵长存
——修炼柔情似水的女人味

女人可以不漂亮，但不能没有女人味，女人味是女人的根本属性，是女人的魅力所在。一个没有女人味的女人，就像鲜花失去了香味，明月失去了光辉，根本吸引不了男人的目光。而一个有女人味的女人，则可以把三分的漂亮增加到七分，让男人沉醉其中。女人征服男人的不是美丽，而是女人味。因此，修炼女人味，才是每个女人必修的课程。

1. 女人可以不漂亮，但不能没有女人味

现实生活中，有些女人长得漂亮，却没什么女人味；有些女人虽然相貌一般，但却气度非凡……这种独一无二的美，就是“女人味”。

古人讲“阴阳”，一虚一盛，一凹一凸，这个世界也无时无刻不在遵循着阴阳互补的法则。一般来说，男人刚烈，女人阴柔；男人粗犷，女人细腻。可见，“女人味”这一概念是相对于男性而言的，那些女人所独有的、为男人所着迷的感觉和气质，就是女人味。而从女人的角度讲，只有不断地完善自己的品性、人格，找到默契的另一半，人生才算完整。

一个女人，首先得明白什么是女人味。男人和女人眼中的女人味，往往有很大的差别。在男人看来，女人的温柔、可爱、性感是最吸引人的，而女人觉得，个性、智慧、自信，才最重要。总之，女人味是一种很难用言语形容的感觉，但却是女人独特魅力的集中体现。

心理学家认为：人生阅历和修养层次，在某种程度上决定了女人气质的好坏。有女人味的女人是睿智的、善解人意的，大大咧咧、目空一切的女人，只能招来别人的反感。有女人味的女人，无论衣着、气质、谈吐、行为方式，都有自己的一套标准。不要以为有魅力的女人，只出入于各种高档的会所、酒店，真正招人喜欢的女人，既要入得了厅堂，还要下得了厨房，她能陪你享受美味的烛光晚餐，也能给你烧一桌好吃的家常菜。

现代社会的女性，总是过于忙碌，她们像男人一样打拼，像男人一样纵横职场，以至于忘了停下来，好好审视一下自己。很多女人为了逃

避就业的压力，不断地学习、上进，到最后，骨子里竞争的意识越来越强，女人所特有的气质却越来越少。现如今，大学里都流行这样一种说法，在图书馆学习的人无非三种：男人、女人、女博士。女人啊，确实应该醒醒了，就算再拼，迟早也是要回归家庭的。

女人到底做错了什么，难道女人不该为自己争取一些地位吗？当然不是。对男人而言，事业的成功意味着一切；可是对女人而言，事业并不是衡量其人生价值的唯一。工作只是生活的一部分，女人还需要花一些时间来修饰自己，让自己看上去更有女人味。

研究证明，男人在见到美女时，智商总是会下降。这时候，女人的优势就体现出来了，在男人眼里，你的容貌、姿态，早已胜过一切了。所以，强化女人味的第一步，就是让自己的魅力值增加一倍。一旦你打扮得韵味十足，男人很大程度上会忽略你的能力，而专注于你的曲线与外表。此时，如果再多一点娇羞和温柔，男人就彻底拜倒在你的石榴裙下了。

小菲在一家服装公司上班，年纪轻轻，已经混到了部门经理的位置，手下还有七八个组员。小菲的精明在公司里是出了名的，她做起事来雷厉风行，这让许多的男同事都不得不服气。然而，就是这样一个风风火火的女强人，谈起恋爱来却女人味十足。她的办公室里有一个衣柜，每次下班前，她都会脱下正装，换上一身清新的花裙子，在楼下站十多分钟，等男友开车来接他。男友自然也十分庆幸：这样一个既能干又可爱的女人，别人可是打着灯笼都找不着的！

男人时常会这样对自己说：“没错，她就是我需要的女人。”大多数时候，他眼前的这个女人，并不是什么“铁娘子”、“女强人”，而是一个普普通通、细心体贴的小女人。毕竟，女人宁静柔软的胸怀，才是他们真正需要的。

然而，幸福可不是天上掉馅饼，想有就有的。做一个让男人着迷的女人，从来都不是一件省时省力的事。男人们看见女人纤细的手腕、精致的鼻梁、飞扬的裙角，总是会情不自禁地流露出欣喜之情。这时候，女人既要表现得很自然，又要保持一定的矜持。视觉效果达到了，接下来就得想想：如何让这种吸引力长久地保持下去。这时候，你可以明确地告诉男人：我不如你，我需要依靠你。女人这样说，并不会让自己低人一等，反而会激发男人的责任心。为了能使自己配得上这份信赖，他会释放出更大的能量来包容你、爱护你。

女人需要关注自己的美丽，也需要关注自己的心灵。一个女人，有了柔情似水的心境，才会有女人味。人们时常会说到一个词：一见钟情。女人想让男人迷上自己，自己得先接纳自己、欣赏自己。每次梳妆完毕，不妨对着镜子，问问自己：这个女人美不美？温柔不温柔？要时常刻意地提醒自己，作为一个女人，内心再愤怒、再强势，脸上也要表现得温和。一举一动、一言一语，都得像一个女人，用女人的方式哭，用女人的方式笑，留下了女人味，才能留住男人的心。

再强悍的女人，都需要一个坚实的堡垒，这没什么可羞愧的，女人就应该让自己的男人知道：你需要他。硬邦邦的“男人婆”、灰头土脸的“黄脸婆”，永远不会成为女人们顶礼膜拜的对象。

女人，还是得有女人味，无论何时何地，无论贫穷还是富有，女为悦已者容，这句话永远不变。爱美是女人的天性，女人有必要让自己变得漂亮。不管是取悦别人，还是愉悦自己，归根到底，无非是为了让自己增添一些女人味，从而迎接更好地生活。

2. 风情万种，比美丽更胜一筹

有一种女人，她们有美丽的容颜，有秀挺的身姿，有飘逸的柔发，有散发的体香，有得体的着装。你可以说她们气质迷人，说她们惊艳万分，还可以说她们婀娜多姿，但是都不如用“风情万种”这个词来形容她们更贴切。为什么呢？

因为这种女人的肢体语言不会放浪形骸，但抬手低头间流露出十足的韵味；这种女人的眼神和姿态不会轻浮，但是一笑一颦间却又流露出让人难以形容的妩媚；这种女人哪怕只是静静地站着或坐着，也是一道亮丽的风景，一首美丽动人的诗篇。这就叫万种风情，它比美丽更胜一筹，就连女人味都比它略逊一色。

有人曾说：“风情万种的女人就像打火机，而不解风情的女人就像灭火器。”这句话对风情万种的女人是最好的赞美，风情万种的女人会点燃男人身上的激情，会让男人绽放出热情；不解风情的女人则会让男人泄气，让男人周围一团糟，那感觉简直糟糕透顶。

女人的风情万种并非做作，也并非刻意卖弄，而是自然流露。女人要知道，风情万种不是一朝一夕就具备的，而是经过天长日久的修炼才达到的。而且风情万种不只是外形的修炼，更是人格魅力的修炼。只有内外兼修的女人，才懂得什么时候该张扬、什么时候该收敛，无论是张扬还是收敛都那么恰到好处，不至于走火入魔让人觉得放荡、轻浮。

女人的风情万种在不同的年龄段有不同的韵味儿。未婚的女人有未婚女人的韵味，已婚女人有已婚女人的韵味，为人母亲的有做母亲的韵味。因此，无论你处于什么样的年龄阶段，你都可以通过内外兼修让自己变成风情万种的女人，变得从容淡定、豁达洒脱、淡泊名利、超凡脱俗。

女人要风情万种，就要把自己的性感展露出来。

性感是成熟女人的一种标志，是一种美，是女性魅力的重要指标。对女人来说，性感是挑战，也是目标，它的极致在于适度展现自己但却不张扬，有风韵但却不风骚。性感的女人如果再配上性感的动作，那么绝对会让男人如痴如醉。

女人的性感绝不是丰乳肥臀，也不是极尽诱惑和勾引的媚态。聪明的女人懂得什么时候穿什么衣服，她们绝不会在酒会或者舞会上穿职业套装；绝不会穿着泳衣招摇过市；绝不会穿着西装革履在泳池边漫步。聪明的女人懂得适当地留一点，再透一点，打造一个若隐若现的性感和迷人外形。

怎样露才能表现出性感呢？美学专家告诉我们，女人要学会扬长避短地表达性感。如果你的腿太短、太粗、太细，甚至罗圈腿，就不要穿短裤、短裙；如果你的肩部太宽、太厚，或者背部皮肤不好，就别穿露背的衣服；如果你的胸部平坦，就不要把领口开得很低。

其实，性感只需要一些小小的细节，比如，上体前倾，使得丰满的胸部曲线若隐若现；用手指轻抚嘴唇或放在双唇间，让你成为性感的尤物；适当地穿着丝质吊带裙在屋里走来走去，让丝质的细腻柔滑和你肌肤的光洁交相辉映。总之，你的性感要露得恰到好处，给人一种若有似无的朦胧和诱惑。

女人要风情万种，就让自己隐隐约约散发香气。

香水是神奇而美妙的液体，塑造着女人的第二种形象，是女人的必备武器。再美的女人也要经得起近距离的嗅闻，否则在男人的潜意识中是不会真正感受到你的魅力的。女人，温柔美丽也好，激情狂野也罢，总能在香水的点缀下变得更有魅力和韵味。

香水的流行一般是由设计师和销售员所创造，当某一类型品牌香水在媒体上大量曝光时，消费者往往会认为这就是一种流行，那么消费者要如何在商家所创造的流行中，选择到真正适合自己的香水呢？

著名的香水制造商夏奈尔说过："应该把香水洒在想让人亲吻的地方。"香水可以引起性的欲望，可以帮助女人更好地控制男人。当远处飘来女人香时，男人的嗅觉就被挑逗了，男人的感官被刺激了，这会让男人充满期待，浮想联翩。这就是香水的魅力所在。因此，女人要想变成风情万种的人，就要学会驾驭香水，懂得香水的妙用。

聪明的女人不会往身上乱喷香水，因为那样只会一团糟。不同味道的香水应该用在不同的环境和场合，这样才能让你的香味充满魅惑。

在密闭的车厢、戏院等空气不太流通的地方，忌讳使用浓烈的香水，以免刺鼻的香味影响他人。明智的话，应该使用浓度低、挥发性强的香水，让人闻到你身上的淡香就可以了；在餐厅等地方时，也非常忌讳涂浓烈的香水，因为过浓的香水会影响食物的味道，可能降低别人的食欲；在医院等地方，你的香味要让别人闻起来舒服，以免影响医生和病人的心情，或者你干脆别喷香水；在下雨的天气里，空气中比较潮湿，香水在水分重的区域难以弥散，所以，选用淡香水为宜。

香水的选择还要考虑到场合，在婚礼这种喜气洋洋的场合，香氛可以浓烈一点。如果是白天可以选择淡香水，如果是晚上可以选择浓香水；约会的时候，可以选用柑橘水果或苔类香草为原料的香水，这种香水里含有荷尔蒙成分，能使人保持兴奋；商务会谈时，要以清新淡雅的香水为宜，因为过浓的香水会使原本正式严重的会谈气氛变得更加凝重，不利于与会者轻松讨论；睡觉的时候，可以在枕头上涂一点薰衣草或玫瑰香油，这样有助于改善睡眠质量。

女人要风情万种，不妨从骨子里透露出一点妩媚。

妩媚是一种透明的、穿透力极强的光线，又是一缕毒性强烈的轻烟。

“媚”里面隐藏着欣赏、取悦、痴迷等物质，会让男人欲罢不能。对聪明的女人来说，妩媚的近义词是温柔，而不是妖媚。尤其是在丈夫面前，聪明的女人总能表现出令丈夫怦然心动的妩媚。

怎样表现女人的妩媚呢？你可以抛个媚眼，笑中带着一点羞怯，用无声的语言牵动男人的心。无论你的媚眼是忧郁的、迷惘的、缥缈的、懒洋洋的、天真带笑的或眼中藏着火焰的，只要神韵所及之处，男人都会接收到你释放出的信号。你还可以在不经意间流露出慵懒状，旁若无人地伸一个懒腰，就像一个刚睡醒的朦胧女子，多么性感。你还可以压低声音，适当地撒娇，表现自己的温柔和娇滴。

3. 爱撒娇的女人，才会招来男人疼

和流泪一样，撒娇也是女人征服男人的柔韧武器。面对女人娇滴滴的声音，没有一个男人能不败阵下来。比如，女人娇声说：“老公，我喜欢这件外套，我就是想穿得漂亮一点，让你更加喜欢我嘛，你给我买好吗？好啦好啦，就买这一件，下次我不使小性子啦……”在如此娇气的话语面前，哪个男人不乖乖就范呢？恐怕再固执的男人也会在这种娇声嗲气中手足无措、骨头酥软。女人只要把娇气软绵绵地撒在男人身上，男人哪怕上刀山下火海也会毫不眨眼为女人献身。

女人要明白撒娇的价值。撒娇能让男人觉得很有面子，撒娇就是在利用男人的虚荣，享受男人的关爱和呵护。撒娇的女人在公共场合总能表现得温柔贤惠，这不仅让男人觉得有面子，也能引起众人的羡慕和嫉妒。回到家里，男人一定会加倍犒劳女人。

撒娇的女人是体贴的。当男人劳累一天回到家中，女人撒娇道：“亲

亲老公，你辛苦啦，想死我了，来，抱抱……"接着给男人端茶倒水，然后一双小手勾搭在男人的肩膀上，再送上一个含情脉脉的香吻……有这般会撒娇的妻子，男人的疲劳一下子就消失得无影无踪了。

撒娇的女人是有欣赏眼光的。女人在男人面前撒娇，能激发男人内心的自信，让男人为自己感到自豪，从而会更加卖力地工作，为家付出更多。当男人遇到不顺心的事情时，女人的撒娇可以带给男人鼓励和动力。

善于撒娇的女人是有智慧的，她们懂得以柔克刚，在一颦一笑一嗔一怒中神不知鬼不觉地达到自己的目的。撒娇中没有半点勉强和造作，有的只是女人的妩媚和可爱。相比之下，那些号称"我从来不撒娇"的女人显得愚蠢，因为直通通、硬邦邦的处世方式根本无法激发男人怜香惜玉的热情。

撒娇能化解生活中的摩擦和矛盾，让男人有火也发不起来。当男人生气时，女人撒娇地抱男人一下，保证男人不会动粗；当男人爆粗口时，女人吻一下男人的嘴巴，男人肯定不会继续骂，而且还会苦笑道："我真拿你没办法。"女人要明白，家里不是讲道理的地方，没必要和男人争得面红耳赤。聪明的你多一点撒娇和体贴，你就能享受到家庭的幸福。

女人怎样撒娇才最有杀伤力呢？

撒娇法 1：装嫩

人人都喜欢美，但是你总有容颜不再亮丽的时候。为了让老公像以前那样疼爱自己，你不妨装装嫩，试着做老公的小女人，做老公怀里的小可爱。这也是为了家庭更加幸福，为了让女人更加漂亮。

毫无疑问，女人装嫩可以让自己变得更漂亮。但是装嫩要掌握火候，也要适时、适地、适度，这"嫩"既要装得体贴，又要装得大方。比如，年纪稍大一点的女人穿色彩艳丽的超高跟鞋与自己的年龄不搭调，不妨多穿中高跟鞋，在沉稳底色上增加一些优雅的装饰，这样你的风情就会在摇曳中飘荡。

再比如说丝巾，你可以多准备几条，不同的花纹、不同的款式、不同的质地、不同的长短等，或披着或围着，都会使你魅惑倍增。再比如说手链项链，是女人最喜爱的饰物。你不一定要用贵的，只要不夸张，那些时尚的小饰物就能让你变得娇嫩水灵。总之，装嫩的女人既美丽了自己，又能带给别人愉悦，没有什么不好。

撒娇法2：矫情

“娇”是女人的天性，女人的矫情是爱情的润滑剂。男人的虚荣在女人的矫情面前表现得淋漓尽致，男人以为赢得了女人的芳心，其实已经落入到女人的温柔陷阱里。“嗔”是矫情的助手，娇与嗔配合，可以产生四两拨千斤的功效。当男人暴跳如雷时，只要女人轻舒玉指，樱桃小嘴飘出一地娇一地嗔，男人的雷霆之火瞬间就会消散。平时多对老公说一些柔情似水的话，比如，“老公，你累了吧，我给你捶捶背”；“老公，这道菜是我特意为你做的，好吃吗”；“老公，你总是在外面吃饭，也不陪陪我，我好孤单哦”，等等，这样嗲声嗲气地撒娇，保准你的男人吃不消。

撒娇法3：哄劝

撒娇的方法多种多样，其中一种是哄劝。当你想让老公做一件事时，你不直接命令他，而是矫情地哄劝，“老公，帮我拎包吧，你看人家的小手，都勒出红印了。”男人听到老婆这样说，哪有不心疼的。“老公，我今天很想吃你做的饭菜，好嘛，人家求你了。”男人即使再累，也会屁颠屁颠地进厨房，使出浑身解数给你做一顿好吃的。

相反，如果女人粗暴地命令男人，那效果截然不同了。“赶紧做饭，我也上班了，凭什么伺候你?”这样的话一出口，两口子肯定会吵起来。一样的意思，用不同的方式表达出来，效果截然不同，这就是哄劝的意义。

4. 每天出门，请保持出镜般的妆容

清晨，每个职场女人都急着出门。尽管时间紧张，但是别忘了打扮一下自己，让自己保持出镜般的妆容。这样可以让你一整天都显得秀色可餐，让你更有信心面对一天的工作。对于大多数女人来说，打造出一个大方、优雅、简约的妆容非常重要。下面，就是打造女性完美妆容的具体方案：

第一步：粉底

粉底就是女人的第二肌肤，能给女人一个绝好的脸色，是彩妆发挥神奇效果的基础。在涂抹粉底时，一定要注意均匀涂抹，尽量把黑眼圈和雀斑遮掩起来。然后，再刷一层薄薄的散粉，你的脸色就会变得更加自然。

在选择粉底时，一定要选择与你肤色接近的粉底色。很多杂志上展现出模特那透明无瑕的皮肤，让女人们很是羡慕，其实那是优质粉底产生的效果。选择的粉底不宜太白，不然会有“浮”的感觉。

涂抹粉底时，不宜涂抹过厚，你可以用拍打的手法，在脸上薄薄地施上一层。要注意的是，发际与颈部的粉底一定要自然过渡，以免产生一种“面具”似的感觉。另外，上粉底之前，最好在脸上涂抹营养霜，等营养霜完全吸收后再上粉，这样可以保证均匀的上粉效果。

第二步：修眉

眉毛高挑，往往能显示出女人的柔媚和韵味，但是在职场，在办公室，最好选择眉形稍粗、眉峰稍锐的眉形，这样可以让女人显得能干而精明。如果你的眉毛比较杂乱，而且眉梢向下，你不妨用眉钳拔掉杂毛，

再用小剪刀把眉毛修剪出比较清晰的眉形，如此，你的脸型瞬间就会焕发出奕奕的神采。

第三步：睫毛

眼睛是心灵之窗，也是女人妆容的点睛之笔，而眼睛是否亮透，是否能起到画龙点睛的功效，很大程度上在于睫毛。这也不难，只要你有睫毛膏，便可以用睫毛刷蘸一点睫毛膏，然后从睫毛的根部开始左右刷，再往睫毛梢处刷，这样一来，睫毛的根部由于有足够的睫毛液，就会自然卷翘起来，你的双眸就会像放电一般，顿时充满神采。

第四步：腮红

色彩俏丽的腮红可以把女人的脸部轮廓衬托得愈发娇俏，能恰到好处地展现女人柔美动人的特质。一般来说，腮红有这样三种：

第一种是花瓣型的腮红：是指由中心往外延伸，这种腮红可以让女人显得天真可爱，又带有一些害羞，让女人变得特别亲切可人，容易亲近。

第二种是贝壳型的腮红：是指由下往上，由长变短，沿着脸颊斜着刷，这样可以让女人的脸庞看起来显得瘦长。这种腮红对大脸和圆脸的女人而言，是不可缺少的装饰。

第三种是扇子型的腮红：是指由眼部开始，从中间往下画，就像一把扇子慢慢打开一样。这种腮红可以使原本没有神采的眼睛变得炯炯有光，神采奕奕。

第五步：红唇

一个丰盈的红唇，可以瞬间彰显女人的动人。除了睫毛，唇部是女人妆容的第二个点睛之笔。如果你想体现出双唇的丰满和性感，你不妨先用唇线勾出一个诱人的唇形，再添上性感的水晶唇膏，让闪烁的光泽帮你营造魅力四射的气质。你也可以先涂抹一点唇膏，再抹上一点唇彩，让你的双唇变得更加柔润，充满性感与诱惑。

第六步：香氛

女人没有香水的点缀，仿佛就失去了灵魂。因此，每天出门之前，女人不妨给自己加点香氛，让淡淡的芳香一整天都围绕在自己周围，也让这淡淡的芳香把男人的关注和赞美吸引过来。当你走在大街上，走在地铁里，坐在公交上，都有人为你的芳香而放慢脚步，为你的神采而倾慕于心。

第七步：表情

再美好的妆容，也敌不过一个坏表情的破坏。有人说，女人最美的妆容是微笑，不错，如果你不懂得微笑示人，不注意控制自己的表情，那么纵然你每天早上出门有一个完美的妆容，你也难以释放自己的魅力。

无论是在严肃的工作场合，还是在轻松的休闲场合，你都不要把表情固定化。你可以微笑，也可以大笑，但绝不要板着脸。如此，你的精致合宜的妆容配上你笑容绽放的表情，你就是一个魅力女神了。当然，这种积极的表情应该是发自内心的，能表露出你内心的愉悦，表达出你神经的舒缓，这样可以打破紧张工作中的僵局，消除周围人的戒备心理。这样，在强大的工作压力之下，你也能够游刃有余地应对。

5. 做自己的色彩顾问

每个女人都希望身边有一个色彩顾问，能随时指导自己该穿什么颜色的衣服，上衣和裤子该搭配什么样的颜色，应该选择什么颜色的丝巾和包包。其实，你不必为穿什么颜色的衣服而焦头烂额，因为只要你了解一下色彩搭配的技巧，你就可以做自己的色彩顾问。

对服饰的色彩搭配而言，常见的色彩搭配方法有以下几种：

（1）分块对比搭配法：分块对比可以起到调和色调的作用，比如，采用几何条块或块面图案的服饰搭配，通过色彩的对比，给人一种艺术美的享受。

（2）端庄统一搭配法：色彩统一，可以显得整个服饰高雅和谐。比如，白衬衫、白裙子，配上白色的皮包、白色的耳环，会让整个服饰色彩统一协调。如果白色中点缀了一些鹅黄色的胸花，会另有一番风味。

（3）强烈对比衬托法：通过对比，可以达到衬托出主色调的效果，比如，上身穿着玫瑰红的外套，也可以是黑色、黄色、紫罗兰色的外套，而内衣是白色的，再配上白色的项链、帽子、手提包，深浅一对比，黑白相衬，能取得很好的视觉效果。

（4）调和缓冲法：一件红色的裙子，往往会镶嵌白色的领边和袖口，使红色得以冲淡，继而取得调和的效果。

（5）点缀装饰法：这种色彩搭配方法往往起着画龙点睛的作用，在朴素的冷色调中，点缀一点暖色调。比如，你上身穿着黑花的上衣，下身穿着裙子，戴着深蓝色的帽子，帽边是黑色的，只有项链是金色的，这就起着点缀作用。

（6）呼应协调均衡法：上身服饰的颜色和下身服饰的颜色相呼应，能体现出和谐的美感。比如，你穿着黑底红白花的上衣，下身穿着黑色裙子，内衣是红直条花纹、黑底白花，上身与下身，白色与黑色的呼应，可以产生一种整体协调的快感。

（7）衔接贯通修饰法：当你穿着黄色的衬衫和紫色的裙子时，黄色和紫色就会形成强烈的对比，如果你系上黑色或金色的腰带，那么就很容易取得上下衔接的和谐效果。

总的来说，服饰色彩的搭配要讲究和谐统一，不宜过分炫目和夸张。无论是亮丽的荧光黄，还是轻柔的鹅黄，抑或是优雅的杏黄，乃至很独特的姜黄，都可以营造出清凉舒爽的氛围，这种搭配方案适合在炎炎夏日采用。

一般来说，各种不同颜色的服饰适合这样搭配：

橘红色的服饰适合与黑色、蓝色、白色的服饰搭配；

红色的服饰适合与白色、蓝灰色、黑色、米色、灰色服饰搭配；

黄色的服饰适合与紫色、白色、咖啡色、蓝色、黑色的服饰搭配；

咖啡色的服饰适合与米色、鹅黄、蓝绿色、砖红、黑色的服饰搭配；

紫红色的服饰适合与蓝色、黑色、粉红色、白色、紫色、墨绿色的服饰搭配；

绿色的服饰适合与白色、米色、灰棕色、暗紫色、黑色、灰褐色的服饰搭配；

浅蓝色的服饰适合与白色、浅紫、酱红色、灰蓝色、浅灰、粉红色的服饰搭配；

粉红色的服饰适合与紫红、米色、灰色、白色、褐色墨绿色、海军蓝的服饰搭配；

紫色的服饰适合与浅粉色、白色、紫红色、灰蓝色、黄绿色、银灰色、黑色的服饰搭配；

蓝色的服饰适合与白色、银色、橄榄绿、粉蓝色、酱红色、金色、橙色、黄色的服饰搭配。

女人在服饰配色时，要注意衣服色彩的整体平衡和色调和谐。通常，浅色的衣服不会发生平衡失调问题，下身暗色调也不会发生色调平衡失调问题。如果上衣是暗色，裤子是浅色，为了平衡色调，最好穿暗色调的鞋子。

值得注意的是，同一种色调在搭配时，要注意色与色之间的敏感程度不能太近，也不能过远。比如，黑色与白色明度对比太大，中间最好用灰色加以过度。用于过渡的色调，既可以是腰带，也可以是背包，还可以是围巾，最好有深、中、浅三个层次的变化。如果少于三个层次的色调搭配，就会显得比较单调。当然，如果色调的层次过多，也会显得繁琐散漫。

6. 衣橱的秘密——着装是一门艺术

得体的着装是女人提升自我魅力的最基本要求，穿衣打扮的本身就是女人智慧的体现。对女人来说，着装是一门艺术，每个女人都应该有一个衣橱，里面有各种不同款式、适用于不同场合穿着的服装、鞋子、皮包，让自己每次亮相都独具魅力、万千风情。

对女人而言，穿衣打扮是一门艺术。一个善于打扮自己的女人，会在不知不觉中形成自己的风格。她知道自己不同的穿着有不同的味道，比如，有的着装打扮如油画般明艳照人，有的着装打扮如水墨画般清新典雅。

小琴的相貌在单位女同事中并不算出众，但是每次老总外出谈判或出席宴会时，总喜欢把她带在身边。渐渐地，小琴在这些场合中锻炼出一身高超的为人处世能力。后来被老总提拔为副总经理，成为总经理的得力帮手。

小琴的成功犹如鲤鱼跳龙门，让好朋友感到非常吃惊，于是好朋友向她取经。她什么都没说，只是把朋友带到家里，让她参观了一下自己的衣橱。

小琴的衣橱体积并不是很大，但是里面整齐有序地挂着她自己的衣服，有各种各样的色调，有各种各样的款式。这些衣服风格不尽相同，有的衣服女人味十足，有的衣服霸气外露，有的衣服显得很职业，有的衣服很休闲……

在衣橱的下边，有一排整齐的高跟鞋，一共有10双，颜色以冷色系为主，还有两双靴子，靴子的高度差别很大，但是细看一下，并不是什么名牌。剩下的鞋子里有的是运动时穿的，有的是休闲时穿的，每一双都很干净、一尘不染，没有任何褶皱和异味，一看就是精心打理过的。

看完小琴的衣橱，好朋友马上明白了小琴为什么能鲤鱼跳龙门，在职场不到两年，就能获得高升。

其实，女人精心地打扮自己不单单是为了职场高升，还是为了让自己时刻保持美丽，让自己在别人心目中留下好印象。但是着装不是一件简单的事情，要想树立自己美好的形象，女人就要学会根据场合选择着装，让自己成为一个穿着得体的女人。

在舞会上，女人要让自己的着装显得光彩照人。

跳舞能让女人灿烂起来，当纤细的身子旋转起来时，女人的美丽能得到充分的展现。

女人在舞会上，应选择富有弹性的衣服，这样能让你伸缩自如；衣服的颜色应偏重于鲜艳，还要有点个性，比如，在活泼鲜艳的衣服上加上素花边；当你穿无袖或无肩带的裙子时，可以戴长手套，但是你开始跳舞或晚会开始时，你要记得脱掉长手套。

在宴会上，女人要让自己的着装显得美丽高贵。

宴会是一个华丽的场所，你应该以美丽高贵的姿态出现在这里，因此，选择一款精致的礼服是首要的。比如，传统精美的旗袍，简单大方的短裙礼服，带有蕾丝花边的裙子，等等，这些能让你显得美丽而高贵，成为宴会上备受关注的对象。

在面试时，女人要让自己的着装显得稳重大方。

在面试的时候，你要给人一种稳重大方的印象。所以，选择的衣服应该庄重一些。一般来说，颜色以单色调为宜，黑色、灰色、白色、米色、深咖啡色等，都是不错的选择。如果你喜欢穿裙子，应注意腿部线条和身体的曲线保持流畅。长袜的颜色应和肤色接近。值得一提的是，袜子的颜色最好比鞋子的颜色浅。当然，你也可以选择长裤，直筒长裤可以显现你的干练。

在办公室里，女人要让自己的着装显得清爽干练。

职业女性，应该给人一个清爽干练的印象，毕竟办公室不是时装发布会。因此，千万不要穿得太随意、太前卫，否则，别人认为你是个浮躁的女人，只爱打扮，不爱工作。另外，职业装的质地要好一些，因为面料太低劣，裁剪太粗糙，会让人怀疑你的品味，进而怀疑你的工作能力。

在约会中，女人要让自己的着装显得温柔可爱。

约会的着装比较随意，你的服装可以是柔和的粉红色，也可以是淡淡的米黄色，还可以配上可爱的小饰品，让你显得天真可爱。如果你的约会对象是男朋友或老公，你可以把自己打扮得有女人味一点，比如，穿一套色彩柔和的连衣裙，或穿一件低胸装，这是风情万种的体现。

在婚礼上，女人要让自己的着装显得与众不同。

如果你参加别人的婚礼，一定要记住：无论你多么漂亮，都不要让你的风头盖过新娘。如果你穿着打扮太突出，让人误以为你是新娘，那么新娘肯定会很不爽。明智的做法是，穿得清新脱俗一点，比如，穿上丝质的长裤套装，让你有一种优雅的风度。你还可以配上胸花，让套装看起来更有特色。记住，一定要穿高跟鞋，但是鞋跟的高度要适宜。

在家中，女人要让自己的着装充满情趣。

女人在家中穿衣可以随意一些，但是这不等于不修边幅，把自己搞得像个丑婆娘。居家过日子，女人的着装应以舒适为主，比如，穿很舒适的棉质衣服，宽松亮丽一点，款式新颖一点，这样家会因为有你而变得温馨有情趣。

以上不同场合的服装女人都应该备一套，整齐有序地放在衣橱里，需要的时候穿上，把自己精心打扮一番，你的魅力肯定会大大提升，你的好运自然也随之而来。

7. 时尚让你永远成为焦点

当一个人走在流行前面时，那叫前卫；当一个人落在流行后面时，那叫落伍或叫保守；当一个人和流行同步时，那才叫时尚。如果你懂得追求时尚，那么你将会成为一道风景，女人会仿效你，男人会欣赏你。时尚会让你成为永远的焦点，会让你成为生活的宠儿，快乐青睐你，幸福靠近你。

服装大师安妮·克莱因说过：“衣服不会改变世界，穿着它们的女人才会。”言外之意是，你所穿的衣服不能代表你，你用衣服展现出来的这个人才能代表你。一个追求时尚的女人是一个喜欢投资购衣、喜欢打理自己的女人；一个追求时尚的女人是活色生香、气质非凡的女人；一个追求时尚的女人，总能把昂贵与低廉的服装巧妙地搭配起来，把奢侈品与地摊货巧妙组合起来。

在男人眼里，时尚的女人是有魅力的女人；在女人眼里，时尚的女人是最摩登的女人。在如今这个个性张扬的时代，女人不必那么矜持，那么伪装，真实、舒服、自然、洒脱才是女人应该追求的目标。可以说，追求美丽、追求时尚，是现代女人最真实的一面。所以，想开点，努力做一个追求时尚的新女性吧。

女人们要注意的是，追求时尚不是说用奇装异服来树立自己的形象，因为这不叫时尚，而叫哗众取宠；也不是说用名牌来包装自己，因为这也不叫时尚，而叫炫耀。如果一个女人一味地用奇装异服或名牌服装包装自己，那么她会在不知不觉中失去自我，变成时尚的奴隶。那么，女人该怎样追求时尚呢？

第一，衣服不用太贵，但要与自己的气质匹配。

女人在追求时尚服装的时候，不必刻意求贵，也不必非要买品牌。因为品牌的服装不一定最适合自己，而且品牌的服饰往往价格不菲。有时候，购买一件品牌服装花的钱可以购买10件非品牌的衣服。而且一件衣服质地再好，生命力也是有限的。因此，为何不退而求其次，用购买品牌服装的钱购买多件适合你的衣服呢？

聪明的你在选购服装的时候，应该坚持“不求最贵，但求最好”的原则。很多女人善于淘衣服，总能在逛街的时候，从林林总总的服饰中选出最适合自己的那件。她们还善于用不同的方式买到自己满意、价格合理的衣服，比如网络购物，因为同样的衣服，网上购买会便宜很多。

第二，注重搭配，把10件衣服穿出20件的效果。

衣服不在多，而在于巧妙搭配。生活中，有些女人的衣柜里塞满了衣服，但每次约会或出席重要的场合之前，把所有的衣服都拿出来试了一通，仍然觉得没有衣服可穿。而有的女人擅长搭配，虽然只有10件衣服，但却能穿出20件衣服的效果。

比如，一件上衣与不同的裤子或裙子搭配，就能产生不同的效果，或者同样的裤子或裙子搭配不同的上衣，也能产生不同的风情。聪明的女人发现一件漂亮的衣服时，不会冲动地买下，而是会先思考一下：这件衣服和我衣橱里的哪件衣服相配，或者琢磨——我能轻松买到与这件衣服相配的衣服吗？

第三，充分利用配饰，把平淡无奇的衣服穿出别样的效果。

追求时尚不是要你彻头彻尾地改变，而往往是一个小配饰的变化，就能演变出不同的风格。比如，丝巾、项链这类配饰看似不怎么起眼，但往往能折射出一个女人的品位。聪明的女人懂得利用这些配饰装扮自己，使自己的穿着更加出彩，从而渲染出不同的自己。

举个例子，小巧的耳钉能很好地表现出女人的精致，而夸张的耳坠能显得女人味十足，金色的挎包可以凸显女人的优雅，较大的单肩包则能表现出女人的随性。你在穿衣服的时候，不妨精心挑选不同的配饰，从而点缀出自己的独特气质。也许你的裙子平淡无奇，但是换上一根腰带，就能让你变成时尚女郎。

第四，在任何场合，都要让自己秀色可餐、暗香浮动。

有些女人经常不修边幅，穿着牛仔裤、运动鞋，整天一副素面朝天的样子，看似有一种清纯的美。可是男人并不喜欢随随便便的女人，女人要想让自己变得更有吸引力，就从脸上下工夫，把自己打扮得精细一点吧。当然，这样做不仅是为了男人，更是为了自己。因为追求美丽对于女人而言是永恒的目标，女人的漂亮在出生的时候就注定了，但是女人的美丽却是在后天修炼而成的。

一位哲人说过："任何外表的美，如果没有内在的气质加以修饰，那都是不完美的。"因此，女人一定要不断充实自己的内心。因为女人的衰老是无法阻挡的，但女人的成熟气质却可以因为年龄的增长而更加脱俗。所以，女人要尽量多学点知识，加强个人修养，让丈夫赏心悦目，让孩子以你为荣，让朋友忍不住欣赏。这样的女人才是大家心目中的焦点。

第十一章 如何赢得男人的心

人们常说“将心比心”，可是在现实之中，想要牢牢拴住并赢得一个男人的心，对女人的要求往往是多方面的：既要贤良淑德，又要妩媚可爱；既要会操持家务，又要懂得撒娇发嗲；有时要学会千依百顺，有时候又要能成为男人背后的力量。所以总结起来，要征服一个男人，不能不用心，更不能不用脑。

1. 男人征服世界，女人征服男人

自盘古开天辟地以来，上天就赋予了男人阳刚之气、责任感、进取心、征服欲。孩子还在穿开裆裤时，父母就不厌其烦地教导他："好男儿要志在四方，大丈夫要顶天立地。"上小学后，历史读物中的成吉思汗、彼得大帝征战四方，引得一个个男生心生崇拜，使得他们内心滋生出一种英雄情结——要做真正的男子汉，要征服世界。

其实，男子汉在征服世界的同时，也在征服女人。为什么成吉思汗有 49 个老婆？为什么古代皇帝有三宫六院，有享受不完的女人？因为男人本"色"，这种"色"取决于男性体内的睾酮素。当男人面对一个神秘的女人时，男人的好奇心就会被激发出来，他们身上的荷尔蒙、肾上腺、睾酮素就会急剧分泌。

什么是睾酮素呢？其实，它就是雄性激素，就好像是人体内的油门，会在女人的诱惑下踩下去，然后男人的心就会急速追逐女人。在动物身上，睾酮素也会对其行为产生重大的影响。尤其是在交配阶段，雄性动物会分泌大量的睾酮素。此时，雄性动物就像是疯狂的斗士，充满了野性和力量。

著名的情感问题研究作家陈彤曾说："你不理解一个男人的征服欲，你就无法理解任何男人，如果把男人的一生比喻成战斗的一生，女人毫无疑问就是男人一生主要的战利品之一，战利品越多质量就越高，男人就越有成就感和满足感。"无论是在古代的战场上，还是在如今的职场或情场上，男人都是当之无愧的角斗士。

其实，每个男人心中都有一种英雄情结，渴望自己成为一个武功盖世的角斗士，随时整装待发，征战沙场。当他们见到女人遇到困难时，男人那种“英雄救美”的心理就会油然而生，他们甚至愿意不惜一切代价去帮助女人。而在这种“救美”行为的背后，男人最想征服女人的身体，征服女人的心。

在《一千零一夜》中，有这样一个故事：

图兰朵是中国元朝的公主，长得貌美如仙。她告知天下的男人：谁可以猜出她的三个谜语，她就嫁给他。如果猜错了，他将被处死。三年中，渴望征服图兰朵的男人不计其数，可是他们都猜错了谜语，皆被处死。其中，波斯王子也前来猜谜，结果猜谜失败遭到处决。

虽然死者不计其数，但渴望征服图兰朵的男人前赴后继。在中国流亡的鞑靼王子卡拉富见到图兰朵后，彻底被她的美貌吸引住了，他不顾父亲和大臣的反对，前来猜谜语，结果答对了所有的问题，如愿以偿娶了图兰朵。

这是一个典型的关于征服女人的故事。这种强烈的征服欲望的背后，流露出来的是男人的色欲。征服欲就像“甜蜜的毒药”，让男人对女人欲罢不能。正因为如此，那些男人才会前赴后继来猜谜语，哪怕为此抛头颅、洒热血，献身情场，也毫不畏惧。他们死得其所吗？是重于泰山，还是轻于鸿毛呢？

对此，我们无法做出评判，因为他们有自己的想法，他们认为为挚爱的女人而死是值得的。尽管很多男人都为此命丧黄泉，但是他们在丧命之前始终有一种侥幸心理和冒险心理，他们认为：如果成功了，那将是前所未有的成就。正是这种心理支撑着他们勇敢去征服图兰朵。

男人爱女人的方式有很多，但无论是哪一种方式的爱，都掺杂了征服欲。女人吸引男人的方式有很多，但最有效果的是激起男人的征服欲。如果女人不理解男人的征服欲，那么永远不可能真正吸引男人。

如果你看过《鹿鼎记》，应该知道韦小宝有7个老婆吧！在这7个老婆中，韦小宝最喜欢哪个呢？估计很多人会不约而同地说："阿珂。"为什么是阿珂呢？因为她除了具备首屈一指的美貌指数，还善于激发韦小宝的征服欲。阿珂经常喜怒无常，经常对韦小宝若即若离，让韦小宝感到难以驾驭。越是如此，韦小宝越对阿珂朝思暮想、肝肠寸断。

俗话说："小偷喜欢惦记别人的钱包，猫喜欢盯着没逮住的老鼠。"再看看下山的猴子，尽管它怀中的玉米棒子多的往下掉，但它还要不停地掰玉米；再看看富甲巨商，尽管他们已经很有钱了，但他们依然想法设法赚更多的钱；再看看事业有成，有房有车的成功人士，他们还是不满足，他们还想要更好的房子，开更高级的名车。

当男人追到一个令自己心动的女人之后，他会就此满足吗？显然不会，或许他会喘息片刻，然后就开始猎取下一个目标。如果你想牢牢抓住男人，就应像阿珂那样，想办法保持神秘感，给他一种不确定感，激发他的好奇心，让他对你产生兴趣，这样他才会对你欲罢不能。

很多女人抱怨男人婚前婚后大变样，婚前浪漫体贴，婚后就开始"爱情呼叫转移"。其实，婚前男人之所以那么浪漫，那么体贴，是为了征服女人，把女人娶回家。而当男人把女人娶回家之后，也就意味着他大功告成了。那么，女人怎样防止男人在婚后征服别的女人呢？你不妨耍几招聪明诡计，激发男人的"狩猎"欲望。

（1）赞美他，让他得意

每个男人都渴望得到女人的赞美，尤其是渴望得到自己的女朋友或妻子的赞美。女人的赞美能燃起男人的自信和勇气，让男人觉得自己战无不胜，但赞美时要找准切入点，要结合男人的"征服欲"。比如，你赞扬男人床上功夫好，肯定比赞扬他衣服洗得干净更让他感到自豪；你赞美男人攀登能力强，肯定比赞扬他地扫得干净更能让男人感到高兴。只要是你真诚的赞美，哪怕是小小的赞美，也会让男人浑身充满激情。

（2）给男人自由，让他去奔放

男人向往自由，热爱奔放，如果你想拴紧他，把他困在爱情的笼子里，很可能会适得其反。正如用手抓沙子，你抓得越紧，沙子流失得越快。相反，你把手指松开，沙子反而会乖乖地待在你的手掌上。所以，与其抓住他，不如放开他，给他自由，让他去奔放。这样他更愿意以你为圆心，围绕在你身旁。

（3）学会撒娇，轻松搞定他

对男人来说，会撒娇的女人是充满魅力的。自古以来，男人凭武力赢得天下，女人靠撒娇搞定男人。所以，男人苦苦征战沙场，征服世界，到头来被女人几句撒娇轻松搞定，这就是所谓的“英雄难过美人关”。所以，你不妨时常温柔地称呼他，亲昵地看着他，在他面前羞怩一番，妩媚地扭动小屁股，他那颗浮动的心一定会彻底被你收服。

2. 火眼金睛，看清男人的本质

对女人来说，男人究竟是什么？有些女人说，男人是她们后面的跟屁虫；有些女人说，男人是不经意回头的那一抹嫣红；有些女人说，男人是情人节第一个送给她们红玫瑰的小男生；有些女人说，男人是她们眼泪的催化剂，是她们梦中的男主角，是可以信赖的肩膀，是一个可以避风的港湾……然而，这些也许只是男人的表象，男人到底是什么东西呢？如果你想看清男人，就必须有一双火眼金睛了。

男人对女人说：“虽然你没文凭没外貌没身材，但是我一样会真心对你好。”乖乖女相信了男人的话，坠入了男人的情网，“坏”女人则会反问自己："我没文凭没外貌没身材，要什么没什么，男人凭什么对我好?"她们清楚，有些男人追求女人都是想满足追求的快感，心理的欲望，为此他装乌龟王八也在所不惜。还别说，这种男人并不少见，当他们得到女人之后，就会像孙悟空一样来个大变脸，或对女人冷淡，不那么在乎女人，甚至玩腻之后，就把女人甩了。

或许乖乖女不相信男人是这样的，她们会说："他对我不是一点点好，而是很好很好，给我洗衣服，给我买礼物，每天上下班接送我。这难道不是真爱吗?"即使男人好到这种程度，"坏"女人也不会轻易相信。她们知道，越王勾践当年为了复仇，不惜"吃屎"，男人为自己洗衣服、做饭、接送自己上下班又算什么?她们看清了男人的本质——有些男人天生就很有谋略，懂得忍辱负重，为了目的会不择手段。

男人对女人说："我喜欢你很久了，追求你也很久了，这个你也知道，所以你要相信我，我只喜欢你。"乖乖女一想，觉得男人的话有道理，于是相信了。而"坏"女人不会轻易相信，为什么呢?试想一下，男人用电驴下载片子，肯定不会只下载一部，而是同时下载好几部，哪部先下完，就会先看哪部。同样，男人追女人时，可能也会同时追求几个女人，而且有条不紊地进行，就看先追到哪个了。所以，男人说"多年之间只喜欢你一个女人"，可信度是不高的。尽管男人有"一颗红心"，也可能做"两手准备"，即使错失了一次良机，他也会表现得很淡定。"坏"女人看清了男人这一点——他一个月、两个月、一年、两年一直追求你都没成功，这不代表他在这期间没有追求别的女人。

男人对女人说："你看我每次出去，都会主动打电话给你汇报行程，我多在乎你啊!"乖乖女觉得也对，于是相信了。"坏"女人则不然，她们清楚男人这东西——男人真是"道高一尺，魔高一丈"，有些男人为了防止女人追查他的行踪，特意主动汇报行踪，然后大胆地"把妹"。举个例子吧!

某男和网友香水百合约定在星巴克见面，在等待香水百合的时候，他给自己的女朋友打了个电话：“亲爱的，我正在工作呢，太累了，我歇一会儿给你打个电话。我很想你啊，等我把工作做完，再给你打电话哦，等我电话哦!”挂完电话，这个男人放心地和香水百合约会，两人在星巴克相谈甚欢，他对香水百合有求必应。

再看看这个男人的女朋友，只见她心满意足地哼着小曲，乖乖地等男友的电话。这个时候，她变得非常懂事，绝不会去盘查男朋友。因为刚才男朋友说了在工作，而且他工作完会给自己打电话。

当然，这种情况不是绝对的，但是有这种可能。所以，乖乖女们，对男人多留个心眼，多点心理准备是没有错的。

男人对女人说：“你不是处女，我实在无法接受，所以，我们分手吧。”乖乖女一听，只会恨自己不争气，恨自己不是处女，才让男人为难、痛苦。“坏”女人知道，分手不过是男人的一场预谋，或者是一个借口。

坏女人看清了男人这东西——男人和你分手，真正的原因只有一个，那就是不爱你了。至于其他的，都是借口。那些得手之后甩你的男人，很可能从一开始就没想过对你负责。他只是想玩玩你，这种男人你守是守不住的。如果他有心要娶你，即使和你上床了，也不会轻视你。在这里，丝毫没有鼓励你轻易就犯的意思，而是提醒你要看清男人的本质。

男人对女人说：“虽然我爱抽烟，但是你放心，等你怀孕时，我绝对戒烟。”果真，男人做到了。这时乖乖女心想：“我多次劝他戒烟他都戒不掉，但是我怀孕了，他真的戒烟了，这表明他对我还是挺好的。”

真是这样吗？“坏”女人可不这么想，她们知道男人不愿意为老婆戒烟，但是愿意为老婆肚子里的孩子戒烟。男人觉得伤害老婆无所谓，但不能伤害脆弱的孩子，孩子可是自己的。也许这种说法有些夸张，但这种男人（特指吸烟男人）绝对不少。这就是男人这东西——他们永远最爱自己，孩子是自己生命的延续，也象征着自己，所以他自然会爱。至于女人，当然排在第三位了。

除了以上几大本质特点，男人还有这样一些特点：

男人很容易喜欢一个女人，但不会轻易深爱一个女人；

男人容易犯贱，对重视他的女人他不会太重视，对他不那么重视，但有点挑逗的女人，他却像哈巴狗一样尾随；男人都怕女人死缠烂打，但是喜欢用死缠烂打的方式去追女人；

男人有一个梦想，那就是和红颜知己跨越友谊的界限，把红颜知己变成情人；

男人对待爱情比较理性，就算他感性上爱一个女人，但他如果觉得她不是一个好妻子，他会放弃她，再去找一个适合居家过日子的女人做老婆；

男人觉得恋爱和婚姻是两码事，有时候他拖着不肯结婚，根本原因是他认为身边的女人不是想象中的好妻子；

当男人喜欢的人在场时，男人会表现得比平日活跃，比平日慷慨，比平日聪明些，他会故意把话题扯到自己得意的事情上，会表露往日少见的好心肠，还会绞尽脑汁编造笑话逗大家笑，其实他的主要目标是那个他喜欢的女人；

在两性关系中，女人希望男人对她说："我愿意为你做任何牺牲。"而男人希望女人对他说："你真的很能干。"

当男人遇到旧情人时，往往会自作多情，他以为与自己有过感情的女人，会对他心存一份感情，幻想爱过的女人永远爱他。所以，男人更认同：分手还能做朋友。不管是别人甩了他，还是他甩了别人，男人多半愿意与前女友保持联系；

女人在意男朋友的前女友，男人却在意女人和他分手之后找什么样的男朋友，他会不时地批评她的男朋友；

面对两个对自己有爱意的人时，女人往往会徘徊不定，不知道选择哪一个，而男人却很想同时得到两个女人；

……

这已经不再是乖乖女能够适应的社会了，女人如果想更好地与男人相处，找到生命中的真爱，就必须知己知彼。男人和女人不是敌对关系，而是合作关系，但这并不妨碍女人看清男人这东西。就像在生意场上一样，你同样需要了解自己的合作伙伴有什么想法、有什么动机、有什么布局，然后更好地调整自己，使你们的合作实现利益最大化。

3. 善用你的红颜资本

虽说占有男人的心是一件很奇妙的事情，但是你不得不承认的是，你所具备的某种资本经常会左右男人对你的态度。比如，你的出众相貌、你的得体着装、你的飘逸长发、你身上的迷人香水味、你的温柔贤惠、你的善解人意，等等。对女人来说，如果想获得男人的宠爱，获得完美的爱情，就必须知道自己有哪些红颜资本，同时还要善于运用自己的红颜资本，这样才能最大限度地占有男人的心。

提到红颜资本这个字眼，也许有些女人觉得不齿，认为女人就应该好好等待，等待那个珍惜自己的男人出现，然后享受他的宠爱，被他当成公主一样呵护，而不应该主动追求男人。这句话如果放在古代，或许有几分道理，但是在现代社会，如果你还坚持被动等待，那么你注定是要被淘汰的。

曾有一位知名学者说过这样的话：“在这个极端竞争的年代，你不但要成功，还要及时成功。如果你成功晚了，也是一种失败。”把这句话放在男人爱情上来就是说，女人不但要找到真爱，还要及时找到真爱，否则就是一种失败。为什么这么说呢？

要知道，对女人而言，现实尤其残酷，因为即使你美貌如花，也难以经得起岁月的摧残。你在20岁的时候，高傲地对别人说：“我才不主动追求自己喜爱的人，如果一个男人喜欢我，他会主动追我的。”等你到了30岁时，你还能这么淡定地等待吗？当你看到身边的姐妹陆陆续续找到了爱的归属，你还能做到平常心对待婚恋吗？恐怕很少有女人做得到这一点。所以，为什么不在你最阳光灿烂、最美艳动人的时候展现出自己的魅力，吸引男人的关注，从中发掘你未来的幸福伴侣呢？

如果说女人是一本书，你的内容再精彩，但是你的封面已经暗黄、褶皱了，还有几个男人愿意来翻阅呢？如此一来，你找到真爱伴侣的可能性是不是小了很多呢？到最后你的“选项”少了很多，没法再精挑细选了，于是你随便凑合了一下，找到了自己的爱情，但那也许不是命中最好的姻缘。

所以说，女人如果不善于利用自己的红颜资本，在最灿烂的时候展示自己的美，那就是一种失败。在这个现实的社会，如果你因为没有资本而失败，这还情有可原，正所谓“我已经尽力而为了，虽然失败我也没有遗憾”。但是如果你有资本，却没有发现自己的资本，或者发现了自己的红颜资本，却不屑于加以利用，那就太遗憾了。

有些女人封建道德思想浓厚，她们认为主动利用自己的红颜资本去吸引男人，是轻浮和淫荡的表现。如果你也这样想，那只能说明你“太老实”了。因为首先，追求爱情是每个人的权利。男人主动追求爱情，那似乎是天经地义，女人主动吸引男人的关注，主动赢得男人的好感，从而赢得男人的心，不一样是理所当然吗？当你获得了自己理想的爱情时，你还会因为当初主动追求男人而感到羞耻吗？相信聪明的女人绝对不会这样想。

那么，女人怎样利用自己的红颜资本呢？

第一，大大方方地向男人靠拢。

如果你想博得男人的青睐，不管是在事业上，还是在爱情中，你要做的就是大大方方地向男人靠拢，把目光聚集在你的理想目标上，然后捕捉他的目光。当你和对方对视时，眼神一定不要躲闪，而要大大方方，表现得很自然，只有这样你的眼神才能穿透他的心。如果你真的喜欢他，想得到他的追求，那么你不妨抛个媚眼，释放一点暧昧，向他做出暗示。如果他对你有感觉，他将会主动来追求你。

第二，善用你的外在形象资本。

众所周知，男人是视觉动物，男人喜欢美女，这是与生俱来的天性。因此，你可以通过外在的装扮来塑造自己美好的形象，比如，穿一条性感的长裙，露出你的香肩；留一头飘逸的长发，展现你的妩媚；喷一点迷人的香水，传达爱的电波，等等。你要根据目标男人的喜好打扮自己，这样你才会变得更加有吸引力。

第三，认清自己有多少红颜资本。

有些女人没有自知之明，过高地估量了自己的红颜资本。面对条件不错的男人的追求，她却认为对方配不上自己，结果错失了美好的缘分。其实，女人没必要这么较真。要知道，男人也想找个条件更好的女人。所以，聪明的女人清楚自己有多少红颜资本，大概与什么样的男人匹配，能把握住机会，找到自己的如意郎君。

4. 温柔是女人征服男人的核武器

“她真温柔，就像一只妖艳的小猫。”一个男人在见到温柔的女人后，禁不住发出这样的感叹。此刻，他的心已经被那个女人的温柔软化了。可见，温柔是征服男人心的有力武器，即使男人自认为自己是铜墙铁壁、钢筋铁骨，认为没有女人可以征服他，也经不住女人温柔的进攻。

贾宝玉曾说过：“女人是水做的，而男人只是一滩泥巴。”言外之意是，当泥巴遇到水之后，自然是一滩烂泥，软软的没有半点抗拒力。事实就是如此，男人最爱的莫过于女人的温柔。所以，温柔是征服男人的核武器，撒手锏丝毫不夸张。

西楚霸王项羽武功盖世，有“力拔山兮气盖世”之称。但是当他在垓下之战兵败时，不管将士们怎么劝说他，他始终不肯乘船过江东。其中一个很大的原因是，他担心自己心爱的女人虞姬的安危。

项羽是虞姬心目中的英雄，为了项羽，她早已把生命置之度外。她对项羽不离不弃，陪伴项羽、鼓励项羽。在项羽慌乱之际，虞姬依然穿着华丽的衣裳跪请项羽更衣，给项羽斟酒。项羽从虞姬温柔沉静的神态中获得了巨大的勇气。

项羽一生轻视女人，但没想到的是，在他最危难的时刻，虞姬居然不顾自己的生命，毅然留在他身边。从虞姬身上，项羽感受到了温柔的力量，他觉得愧对她。在乌江边上，虞姬自刎的瞬间触动了项羽内心的震撼，最后项羽也无所顾忌地自刎于江边。

霸王别姬的典故告诉我们一个道理：英雄也是人，也需要女人的温柔与关爱。因此，在很大程度上，英雄人物的悲壮是用女人的温情谱写的。其实，今天那些在商业上取得成功的男人，也需要女人的温情相伴。

俗话说：“男人最怕‘穷’到只剩下钞票。”说的就是当男人奋斗成功了，有大把的钱时，如果缺少一个温柔的女人和他一起分享，那是一件非常痛苦的事情。由此可见，男人对女人的温柔是多么渴望。女人如果善用温柔的智慧，给男人贴心的关怀，对男人投以仰慕的眼光，男人就会从中获得巨大的精神能量。

我们经常在大街上看到这样的情景：一个帅气的男人，牵着一个长相一般、身材微胖的女人，帅哥的一言一行充分流露出对女人的宠爱。看到这种情景时，或许你会百思不得其解：“这个女人到底是怎样搞定这个男人的呢?”

其实，这个问题并不难得到答案。人们常说：“女人不是因为美丽才可爱，而是因为可爱才美丽。”这句话就能解释“帅哥爱丑女”的现象。不要小看那些长相一般的女人，她们或许正是用了温柔的智慧，才把帅气优秀的男人征服了。

相信很多女人都知道温柔、贤惠、容忍的力量。但是又有多少女人懂得运用温柔这个武器呢？相反，她们往往用独占、怀疑、粗暴和撒泼的态度和男人蛮干，以为这样可以征服男人，结果硬生生地把男人推到另一个温柔女人的怀抱中。这种做法是极其愚蠢的，聪明的女人懂得释放柔情，在不知不觉中让男人成为自己的俘虏。

陈菲和张川恋爱的时候约定，不论发生什么，都不要吵架。即使吵架，也不能冷战，更不准动手打人。热恋时的约定和实际生活总是有出入，很快，第一次不愉快就发生了。

那天，陈菲在厨房里切菜，张川像个孩子一样过来打下手，还忍不住夺过陈菲手中的刀切土豆。不一会儿，土豆片就切好了。本来他们有说有笑，可是张川突然发火，说陈菲不该把土豆切得太厚，炒不熟，还粘锅。

陈菲心里非常委屈，泪水在眼眶里打转，喉咙里像是有东西堵住了，哽咽着。她强忍着不发作，害怕一开口就哭得不成样子。因为明明是张川自己切的土豆，为什么要怪她呢？

就像约定一样，陈菲没有和张川吵架。一个星期以后，她把自己当时的感受写在博客里，然后给张川看。张川从那篇博客中看出了陈菲内心的委屈，他觉得很内疚，于是道歉，还在QQ中说："我被你的温柔网住了。"

相处的日子，两个人之间不再有新奇的感觉。陈菲很聪明，平常有重一点的体力活，只要张川在身边，她就会让张川做，表现自己的柔弱。当张川剪了头发，穿了新衣服，工作上有了新成绩时，她总要好好地表扬张川。慢慢地，大男子主义的张川似乎不屑于和陈菲计较了，很多事情都愿意听从陈菲的意见。

生活中，陈菲懂得从细节上表达自己的温柔，以感动张川。比如，当她发现张川穿的新皮鞋走路有点疼的样子，她会用温柔的语气对张川说："皮鞋硌脚是吗？晚上我帮你换一双鞋垫，看会不会舒服一些。"这句话把张川感动得一塌糊涂。类似的细节还有很多，张川没想到陈菲那么细心、体贴，因此总是非常惊喜和感动。

后来，张川向陈菲求婚，陈菲问他理由，他说："我被你的温柔网住了。"

女人的温柔是一张情网，让任何男人都逃脱不了。女人的温柔是一种诱人之美，是一种崇高的力量，是一种独特的魅力，很容易博得男性的钟爱。

温柔的女人像春雨滋润着万物，给男人生机和活力，令男人心荡神驰、回味无穷。这种魅力不会因年龄的增长而消失，它具有持久的生命力。所以，女人要学会运用温柔这个武器，这样才能更容易获得男人的青睐，获得一生的幸福。

5. 判断男人是否坠入爱河的10种表现

爱情是美好的东西，它让一个陌生的男人和一个陌生的女人走在了一起。当那个来自火星的男人对你说“我爱你”时，你不要高兴得太早。因为这句话是个男人都会说，而且很多男人说这句话的时候，就像随地吐一口唾沫那样平常，所以，你要判断他这句话代表的是真情，还是假意。那么，怎样才能判断男人是真的爱你，怎样才能判断男人坠入爱河呢？让我们看看男人坠入爱河的10种表现吧！

第一种表现：他的眼里只有你，没有别的女人

众所周知，男人爱看美女，当他发现视线中有个美女时，他的眼神就像全球定位系统一样聚集过去，然后目不转睛地看，如果他担心直愣愣地看会给对方造成压力，他可能会看一眼之后，假装把眼光转移开来，然后又转回去继续看。

眼睛是心灵的窗户，男人的眼睛可以把他内心的真情泄露无遗。所以，当你和男人在一起时，记得观察他的眼神。如果你发现他的眼神经常被周围的美女吸引，那么你可以认为他并未对你痴迷。反之，如果他对别的女人视而不见，唯独对你看不够时，那么你可以认为他已经为你倾倒了。

值得注意的是，如果他看了你一眼，又闪开眼神，然后再看你，如此重复，这说明他非常喜欢你，但是又有些不好意思。如果他一直专注地、大胆地看着你的眼睛，一点都不觉得不好意思，说明他的内心世界已经向你敞开了大门。

第二种表现：用实际行动告诉你，他爱你

“我爱你”不能只挂在嘴边上，更多的应表现在行动上。假如一个男人口口声声说爱你，却连请你一顿饭也要和你AA制，每次约会自己花了多少钱都算得清清楚楚，说他花了多少钱。那么，你千万不要相信他坠入了爱河。

如果他愿意为你做一些不符合他本性的事情，为的只是让你高兴，那么他很有可能已经爱上你了。比如，你任性发脾气的时候，他不会骂你，而是委屈地说：“亲爱的，我做错什么了吗？你说出来，我一定改，只要你别生气就好，生气对身体可不好！”

再比如，在同学聚会、家庭晚宴上，他见别人向你敬酒，他知道你不会喝酒，他会主动站起来说明情况，主动为你挡酒。这种行为表明他为你着想，是爱你的表现。

第三种表现：允许你进入他的生活

如果一个男人嘴里说爱你，却不告诉你他的家庭情况，不让你知道他的家庭住址，也不带你去他家，或者说带你去他家之后，不让你进入他的房间，那么说明他还没有完全对你敞开心扉。相反，如果这个家伙积极向你介绍他的家庭成员，经常邀请你去他家玩，还带你进入他的卧室，向你介绍自己的物品，说明他爱上你了，他希望和你一起拥有共同的空间。另外，他还会把你介绍给他的朋友，让朋友都知道你是他的女朋友，而且在介绍的时候，满脸的喜悦和自豪，这表明他希望你进入他的社交圈子。

第四种表现：在你面前毫无保留，没有秘密

坠入爱河的男人，会把自己的一切都告诉你，包括自己的快乐和烦恼，成功和失败。如果有个男人嘴里说爱你，却在你面前偷偷接电话，这说明他在刻意隐瞒什么，这个时候你就要注意了。如果男人电话响了，他没来得及接听，而是喊着：“亲爱的，你帮我接一下，看是谁？”那么说明这个男人对你毫无保留，说明你已经进入了他的王国。

第五种表现：随时让你找到他

如果一个男人坠入了爱河，那么，他的手机会24小时为你开机，因为他希望你随时能联系到他，哪怕三更半夜，你睡不着觉，只要你愿意就能拨通他的电话，并且他会从睡梦中醒来，认真听你唠叨。反之，如果他的手机莫名其妙地无法接通、关机，那么他有可能在背着你干“坏事”。

第六种表现：他的业余时间基本都属于你

如果一个男人坠入了爱河，那么除了工作之外，剩余的时间他都愿意和你在一起，因为他时时刻刻都想看见你。如果他有大把的时间，却没和你在一起，而且找了很多莫名其妙的借口，那么表明他不太愿意和你在一起。这个时候，你不要相信他所说的有多么爱你。

第七种表现：毫不在意别人的看法

生活中，总有这样的男人，他们会因为父母、朋友对他女朋友评价不好，而拒绝和女朋友交往下去。这样的男人不要也罢，因为他们并非真心爱你。如果男人真心爱你，是不会轻易被别人的看法影响的，就算父母不同意你们在一起，他也会努力争取。所谓“情人眼里出西施”，爱你的男人认为你是美丽的，不管别人怎么评价你，他始终认为你是最好的。

第八种表现：尊重你和你的家人、朋友

坠入爱河的男人不会轻易嘲笑你的长相、身材、兴趣、工作。比如，你喜欢看爱情电影，他却爱看动作片、惊悚片，他对爱情片根本没兴趣，但是他愿意陪着你看完爱情片，而且还很认真地看，绝不敷衍。他不愿意逛街，但是只要你说想逛街，他都愿意陪着你。对于你的家人和朋友，他也非常尊重，不嘲笑他们，而且到你家之后，还会积极地帮忙做事，这表明他渴望得到你家人的认可。

第九种表现：愿意做你的护花使者

坠入爱河的男人和你一同外出时，会随时地在你身边，拉着你的手，生怕你走丢了。在摇摇晃晃的公交车上，他会一只手扶着把手，一只手揽着你的腰，保护你的安全。这些不经意的行为，恰好说明他坠入了爱河。

第十种表现：愿意为你改变

男人和女人对问题的看法、审美观等是不同的，男人觉得这样穿着打扮挺好，女人却不以为然。如果你建议男朋友做些改变，他却置若罔闻，依然我行我素，说明他不够爱你。而如果他诚恳地接受你的建议，哪怕为此会被哥们儿嘲笑，也去改变自己，这种“重色轻友”行为的背后，说明他有一颗坠入爱河的心。

6. 盲目为爱献身到底值不值

男人的一句“我爱你”让很多乖乖女感动，但很多男人花言巧语，只为讨女人的欢心，让女人相信自己，从而快一点打开女人的心门，也快一点打开通往双人床的房门。然而，当男人得到女人后，并不一定一直在乎女人，尤其是当新的异性出现时，他们可能会抛弃旧爱，选择新欢。所以说，男人是以爱之名来达到满足欲望的目的，是为了性而爱。

而女人则不同，她们大多数视爱为生命，为了爱可以放弃一切，可以辛苦一辈子，可以为了得到男人的爱而献身。所以说，女人为了爱而性。在这种情况下，男人和女人在发生性关系的时间上就存在很大的冲突，男人恨不得先发生性关系，再去恋爱，而女人希望结婚之后，才能发生性关系。如此一来，叫男人如何忍受呢？

在性方面，男人往往是猴急的动物，他们没有那么持久的耐心。因此，女人如果一味地坚持“结婚才能发生性关系”，那么可能让男人内心一下子冰凉，还有可能直接逼走男人。当然，女人也不能过分迁就男人。比如，恋爱还没三天，男人说出去开房，女人就答应，这肯定是不理智的。那么，女人到底什么时候才可以把自己的身体给男人呢？我们先来看一个例子。

一天，雯靖给闺蜜打电话，她说爱上了一个男人，这个男人幽默风趣，而且非常浪漫。最关键的是，雯靖觉得那个男人也同样爱她，因此，他们成了一对恋人。就像其他恋人一样，他们在花前月下牵手散步，拥抱亲吻，彼此的欲望就像星星之火，有非常明显的燎原之势。

半年之后的一个晚上，雯靖又给闺蜜打电话，一句话还没说完，就哭了起来。闺蜜忙问怎么了，是不是男朋友欺负他了。雯靖说：“在这半年中，男朋友多次提出性要求，我一直找借口往后推。刚才他又提出了性要求，我又往后推，但他却说：如果还不答应，他不想继续谈下去了。我害怕失去他，但是又不希望这么早发生关系，我想再等等……”

闺蜜问雯靖：“你真的心甘情愿把自己献给他吗？你真的爱他吗？”雯靖表示真的爱他，她也懂得不应该过早地献身，可是，她担心男朋友放手……

性是男女共同的生活乐趣，是维系一段爱情和婚姻的纽带。然而，什么时候该发生关系，爱的程度是否到了那个地步，这是一个值得深思的问题。如果女人担心自己的爱情不能天长地久，就必须在献身之前保持几分清醒和理智。

然而，很多用情太深的女人是糊涂的，她们为了留住爱情而委屈自己，不太情愿地满足男人的性要求。这样做并不一定就是错的，只是说会让女人在爱情中处于被动、不利的地位。再说了，恋爱与结婚不能划等号，恋爱再怎么甜蜜，也不能保证情侣就能结为夫妻，因为这其中有很多变数。因此，女人过早地献身，到最后有可能换来的却是爱情、处女之身皆空的结局。

那么，这是不是意味着女人在爱情中禁欲、坚守“结婚才能发生关系”的原则呢？其实，也不是这个意思。关键是，要看爱情的深度是否到了让你心甘情愿献身的程度，如果没有达到这个程度，说明爱得不够深。既然爱得不够深，分手的可能性相对就比较大，而若深爱了，那么分手的可能性就相对较小，在这种情况下，女人和男人发生性关系也无妨。

如果两人已经爱得很深，女人却依然坚持“结婚才能发生关系”的原则不动摇，可能会让男人感到很压抑、很冷心。要知道，在男人的思维里，真心相爱之后如果没有发生性关系，似乎意味着爱情还差那么一把火，他们迫切希望用这把火将爱情燃烧到最炽热的顶点。有些男人还觉得，女朋友答应和自己做爱，表明她真心接受了自己。否则，表明她还没有完全接受自己，还不够爱自己。

可是，爱要多深才能发生性关系呢？这其实没有一个具体的衡量标准，尺子在你自己心里，你要问问自己的真心：他真的值得我托付终身吗？我们真的相爱到可以发生关系的程度了吗？如果你的内心给你的答案是肯定的，那么就放开传统的观念，和他享受两人交合的美妙感觉吧！反之，你就要学会巧妙拒绝他的性要求了，那么怎样拒绝才高明呢？

很多单纯的女人在面对男朋友的性要求时，总是问男朋友：“你是爱我的人，还是爱我的身体？”殊不知，这种问话会让交谈气氛多么尴尬，让男人多么狼狈不堪，最后，男人只好气愤地说：“如果我不爱你，干嘛和你这么认真地谈恋爱，我还不如找妓女去！”聪明的“坏”女人听到傻女人这样的问话，肯定心里会偷笑。仔细想一想，你的身体难道不是你的一部分？如果男人说爱你，是不是也包括了爱你的身体呢？所以，不要用这种白痴问话拒绝男人。

“坏”女人知道，男人并非天生反感女人拒绝他的性要求，关键要看你拒绝的技巧，如果你拒绝得很巧妙，让他知道你很爱他，你也很想和他做爱，但只是时机未到，那么男人会满怀期待地等待你准备好的那一天。比如，你对男人说：“知道吗？我也很想和你做爱，我从没体验过那种感觉，我真心爱你，但是我听说第一次很疼，我想到这个问题就恐惧，我觉得我还没准备好，你能给我时间准备吗？”

此外，如果你觉得你们的爱情还未发展到发生性关系的程度，那么，你应想办法做好防身的准备。比如，不要轻易去他家，尤其是晚上；如果他送你回家，而你是独住，你最好把告别行动结束在进门之前。千万不要相信他“只坐一会儿”的请求；不要在没有光线的地方长久地热吻，小心他把持不住哦！

7. 做调配爱情的高手，占有男人心

有一对恋人，经常为“谁应该先对谁好”而争吵，女人说：“你必须先对我好，否则，就甭想我对你好。”男人也不服气，说：“就凭你这么强烈的语气，我偏不对你好。”这样的恋情居然能持续下去，真的叫人感到奇怪。其实也不奇怪，男人为的就是占有女人的肉体。果然，等他得到女人，等他玩腻了之后，他与另外一个女人相爱了。在那个女人“坏”招的激发下，男人甘愿全身心奉献。

这个案例告诉我们，爱情不是等价交换，不是做买卖，而是需要付出真心并巧妙调配的。聪明的女人应该做个调配爱情的高手，既要怀着

一颗浓烈的爱心，又要聪明地去爱。这种爱不是一味地付出，更不是一味地索取，而是通过爱男人，来激发男人更加爱你，这样才更容易占有男人的心。

不会爱的女人往往采用“堵”的办法，对男人严防死守，就像大禹的父亲治水那样，可是结果不但没有堵住水，反而让水冲毁了堤坝。而会爱的女人采用“疏”的办法，给男人尊重和自由，与男人保持适度的空间。与此同时，女人要提升自己的神秘指数，给男人制造悬念感，让男人恨不得时刻守候在你身边，生怕你被别的男人占有。

悦悦在与男友交往的一段时间里，两人经常在一起吃饭。一次，他们一起用餐的时候，悦悦发现男朋友对经过身边的美女的兴趣似乎比对她的兴趣更大。于是到了第二天，当男朋友打电话约她吃饭时，悦悦说没时间，无法赴约。

到了第三天，当男朋友打电话约她时，悦悦说已经有约了，但是任凭男朋友怎么问，她都不说和谁约会。这让男朋友非常着急。第四天一大早，男朋友捧着玫瑰花，拿着电影票在她家门口等她，悦悦这才高兴地答应和男朋友去看电影。

在电影院里，悦悦亲密地拉着男朋友的手，靠在男朋友的肩头，时不时轻声耳语，让男朋友感到非常满足。

不管你多么爱他，都不能对他死心塌地，把整颗心都交给他。小心他洋洋自得，以为你再也离不开他了，继而忽视你、冷落你。聪明的爱绝不是单方面的付出，而是欲擒故纵，巧妙激发男人的奉献精神，培养他爱的能力。

相比之下，糊涂的爱则是把一颗心全部交给男人，毫不保留地对男人奉献所有的柔情和关爱，然后沉醉在甜蜜的爱情中不能自拔。在这种充满母爱成分的柔情的包围下，男人会变成一个不懂爱的孩子，会把女人的爱视为理所当然。这就意味着女人无法从男人那里得到所期望的爱。

事实上，许多乖乖女只知道自己多么爱男人，却不知道爱男人是需要技巧的。而“坏”女人则不同，她会爱男人，也会让男人爱她。

一对恋人经过马拉松式的恋爱，终于走到了一起，过上了很多男人都梦寐以求的同居生活。他们每天早上一起起床，乘地铁去上班，晚上回到住处，准备饭菜。就像夫妻一样，过着平淡的日子。女人意识到这样下去，爱情会被平淡的生活消磨，于是，她向男人提出了一个要求：“我有个郑重的要求，每天给我一个吻。”

男人看了她一样，笑着说：“有必要吗?”

女人说：“我能提出这个要求，就证明是有必要的，而你发出疑问，更证明了有必要。”

男人说：“真情在心里，没必要非要表达吧!”

女人说：“当初你不表达，我们怎么可能走到一起呢?”

“当初是谈恋爱，是我追求你，现在我们相爱了，没那个必要了。”

“是吗？你觉得我真的爱上你了吗?”女人故意反问，说完，她背起包去上班了。女人的话让男人有些吃惊，他甚至怀疑女人并未真正爱自己。

当天下班，女人故意在公司加班，就是为了让男人着急。果然，男人发现女人没有像往常一样准时回家，他就急忙给女人打来电话。女人在电话里故意说道：“我正在和朋友吃饭呢，有什么事吗?”男人有些惊慌失措，他说：“亲爱的，我在家里做饭了，等你回来吃饭呢!”

晚上回到家，女人刚打开门，就被男人紧紧地抱住，然后男人给了她一个充满激情的吻。不用说，那一晚他们非常甜蜜。

从这件事之后，女人每天都能得到男人一个甜蜜的吻。

有一天，女人被公司派往外地进修。临上火车前，她对男人说：“你终于可以暂时解脱了。”

没想到，男人却说：“我会不习惯没有你的日子的。”果然，第二天，男人就给女人打电话了，他说："亲爱的，今天我没办法吻你了，请允许我通过电话传递我的吻。"电话里，男人的声音充满了温柔。

女人的眼睛湿润了，接着，她听到男人在电话里说："亲爱的，以后我会每天给你打个电话，传递我的吻。"

水壶里的水没有沸腾，是因为火力不够。只要火力够了，几分钟后，水就会沸腾（电热壶就是这样）。同样，爱情无法持续激情，是因为彼此爱的意识不够浓烈。如果都像"坏"女人一样，懂得爱男人，懂得激发男人对自己的爱，那么再久的爱情也会如初恋般甜蜜。

女人们，像"坏"女人那样，学习做一个调配爱情的高手吧。既要从日常生活的小事上去关心他、爱护他、尊重他、理解他、激励他，又要适当地"使坏"，比如，偶尔不接电话，偶尔消失，让他担心你，为你牵肠挂肚，偶尔流泪，让他更加爱护你，偶尔示弱，让他保护你。这样，你不但能激发他的男子汉气魄，还能彻底占有他的心。

8. 绕开"科妮基现象"，让他对你始终如一

喜新厌旧似乎是人的天性，即使一对恩爱的夫妻，如果在几年甚至几十年间反复和同一个人，以同一种姿势，同一套程序做爱，必然会产生单调乏味的感觉，以至于性爱的快感大打折扣，导致彼此之间对性生活的需求不那么迫切，甚至会将性生活视为对对方情绪的照顾，或者将性生活视为一种例行公事，乃至一种负担。在这种情况下，如果新的异性出现了，人们就很容易对其产生性冲动，于是就有可能发生"婚外情"。

其实，不仅人类有婚外情的倾向，动物也有。动物学家研究发现，雄性哺乳动物容易被异性唤起性冲动，往往容易发生“婚外情”。当雄性哺乳动物与新的异性交配之后，它很快就会厌倦这个异性，然后继续与另外的异性交配。也许是因为不断更换交配对象，所以，雄性哺乳动物的性冲动会长久地保持下去。

在家畜中，雄性家畜不愿意同一个雌性重复交配，而且它们有一个特别强大的功能，那就是可以轻松分辨出眼前的雌性对象是否是自己的“旧欢”，一旦辨认出来，它们就会放弃，转而去选择与新的雌性交配。这种现象在动物学上，被称为“科妮基现象”。

关于“科妮基现象”，有一个有趣的故事：

有一位美国的总统夫人名叫科妮基，有段时间她对养鸡场产生了浓厚的兴趣，于是她问养鸡的饲养员：“公鸡和母鸡每个月交配多少次?”饲养员说：“十多次。”科妮基深有感触，于是把这件事告诉了总统先生。

总统先生听了之后，又向饲养员打听这件事：“公鸡每次交配，是否都是和同一只母鸡?”饲养员说：“不是，每次都是和不同的母鸡交配。”总统先生笑了，回到家之后，他把这件事告诉给科妮基。

从那以后，人们就根据这个故事，将雄性动物对异性的这种不专一，称之为“科妮基现象”。

透过“科妮基现象”，我们可以发现：性爱的新鲜感和激情，是在不断更换性伴侣的过程中产生的，如果与同一个性伴侣重复做爱，而且每次方法和程序一样，那么新鲜感将难以持久，到最后还会产生厌烦。反之，如果在性爱方法和程序上做些改变，出些新招，即使长期和同一性伴侣做爱，也能让彼此在性爱中感受到新鲜和刺激，于是激情又迸发出来了。

从“科妮基现象”中，我们还可以发现一个问题：雄性动物非常容易出轨，当遇到能够唤醒他们欲望的美丽、性感女人时，他们就有可能迷失自己。当然，人类的自制力绝不像动物那样，他们能够理智地控制自己。但女人也不要一脸天真地相信男人所说的“我绝不会背叛你”之类的鬼话，不要过于自信地认为，你的男人经得住其他女人的诱惑。

乖乖女莹莹和子键结婚了，他们有自己的新房子，子键还有稳定的工作，不久之后他们又有了可爱的孩子。原本三口之家过着稳定的生活，但是结婚5年后，子键有了婚外情。当莹莹得知这个事实时，差一点崩溃了，一气之下，准备离婚。

面对闺蜜的安慰，莹莹痛苦地说：“我的心很痛，为什么他那么花心呢？他经常对我说，一辈子只爱我一个人，为什么他背叛我呢？”她边说这些，边哭泣着。显然，她不忍心离开自己的丈夫，但是她又无法原谅丈夫外面有情人。

为什么家里有一个好老婆，男人还不知足，还要在外面拈花惹草呢？难道男人真的没有良心吗？其实不然，很多时候，男人背着老婆偷腥，不过是为了追求一种新鲜感。尤其是结婚已久的男人，对一成不变的性生活产生了厌倦情绪，迫切希望找到新鲜的刺激，体验不同于和自己老婆做爱的感觉。

当然，有时候男人偷腥，也是有意外原因的，比如，喝醉了酒，而恰巧有女人在身边，并且那个女人对他有好感，结果，就在迷迷糊糊中犯了错。总之，男人陷入了“科妮基现象”，并不一定是品质低劣问题，主要还是雄性这种动物的天性问题。

聪明的女人对男人的天性了如指掌，她们绝对不会像乖乖女那样对自己的男人的甜言蜜语那么信以为真，因为她们知道没有一个男人不花心，男人都是偷腥的猫。因此，她们会想方设法用一些“坏”点子，尽量避免“科妮基现象”发生在自己男人身上。

聪明的女人知道，每一个男人都是一个十足的探险家，不同的女人对他们来说，就是一个个未知的世界。男人对这些未知的世界充满了好奇和探索欲望，他们总是寻找一切机会去探究，这种强烈的欲望促使他们努力与那些能够吸引自己的女人接触，这是男人天性的探索欲。因此，"坏"女人善于制造新意和神秘感，引起男人的关注和好奇，从而激起男人的探索欲。

聪明的女人知道，大多数男人的"风流"只限于潜意识和"白日梦"。虽然他们非常渴望和新的异性结交，渴望和异性发生性关系，追求新鲜的欲望，但是他们并不一定就能真的和新的异性发生肉体上的关系。多数男人不过是以新的异性为题材，做一些白日梦而已。"坏"女人了解男人这种心理，不会因男人的这种表现而视男人为"出轨"。她们会体谅男人这种欲望，对男人有一颗宽容的心，从而更好地擒获男人的心。